住房和城乡建设领域"十四五"热点培训教材

建筑碳达峰碳中和基础知识

《建筑碳达峰碳中和基础知识》编委会 编写

中国建筑工业出版社

图书在版编目（CIP）数据

建筑碳达峰碳中和基础知识/《建筑碳达峰碳中和基础知识》编委会编写. —北京：中国建筑工业出版社，2024.4

住房和城乡建设领域"十四五"热点培训教材

ISBN 978-7-112-29759-7

Ⅰ.①建… Ⅱ.①建… Ⅲ.①建筑工业—二氧化碳—排污交易—中国—教材 Ⅳ.① F426.91

中国国家版本馆 CIP 数据核字（2024）第 076999 号

2021 年 10 月，《关于完整准确全面贯彻新发展理念做好碳达峰碳中和工作的意见》以及《2030 年前碳达峰行动方案》，这两个重要文件的相继出台，共同构建了中国碳达峰、碳中和"1+N"政策体系的顶层设计，而重点领域和行业的配套政策也将围绕以上意见及方案陆续出台。随着碳达峰、碳中和目标的提出，住建领域各级政府部门对"双碳"知识的需求量呈井喷式增长。关于住建领域碳达峰碳中和的现状是什么？实现途径有哪些？目前从政策与趋势、方法、标准、工具和系统，以及路径、模式和经验，需要站在国际视角下、立足国内发展的实际需要，进行客观的系统的梳理，进行理论讲解、多角度的政策解析和生动的企业实践，重点关注理论方面的新思想、新模式和新工具，重点关注政策推动方面的"着力点"，实际成效以及未来可持续发展，力求为读者展现住建领域碳达峰碳中和演化过程的立体画卷。可供住建行业干部培训、人员学习使用。

责任编辑：李 慧
责任校对：姜小莲

住房和城乡建设领域"十四五"热点培训教材
建筑碳达峰碳中和基础知识
《建筑碳达峰碳中和基础知识》编委会 编写

*

中国建筑工业出版社出版、发行（北京海淀三里河路 9 号）
各地新华书店、建筑书店经销
北京雅盈中佳图文设计公司制版
北京圣夫亚美印刷有限公司印刷

*

开本：787 毫米 ×1092 毫米 1/16 印张：$10\frac{1}{2}$ 字数：234 千字
2024 年 4 月第一版 2024 年 4 月第一次印刷
定价：45.00 元
ISBN 978-7-112-29759-7
（42667）

版权所有 翻印必究
如有内容及印装质量问题，请联系本社读者服务中心退换
电话：(010) 58337283 QQ：2885381756
（地址：北京海淀三里河路 9 号中国建筑工业出版社 604 室 邮政编码：100037）

编委会

主　编： 时　炜　杨小春　邓　林
主　审： 张　迪　李小军
编写组： 赵　睿　蒋博雅　徐锡权　陈　曦
　　　　　　费维水　蔡昌茂　包　超　裴寒蕊
　　　　　　刘宾灿　彭　丽　韩永光　邹迎辉

前　言

全球气候变化是当今世界共同面临的严重生态危机，关系着人类的生存和发展。2020年9月，国家主席习近平在第七十五届联合国大会一般性辩论上指出，中国将提高国家自主贡献力度，采取更加有力的政策和措施，二氧化碳排放力争于2030年前达到峰值，努力争取2060年前实现碳中和。碳达峰碳中和是我国统筹国内国际两个大局做出的重大战略决策，是着力解决资源环境约束突出问题、实现中华民族永续发展的必然选择，是构建人类命运共同体的庄严承诺。

目前我国双碳领域发展仍处于起步阶段，双碳人才尤其是住建领域双碳人才还存在以下问题：一是住建领域双碳人才的数量不足且结构分散，人才缺口较大；二是住建领域双碳人才的培养模式和培养标准处于探索阶段，人才培养体系尚在尝试阶段；三是住建领域双碳人才的评价标准和体系仍待完善，双碳相关职业发展路径尚不清晰；四是相关学校的双碳人才培养具有滞后性，与行业发展衔接不到位；五是住建领域现有双碳人才的专业性、综合性、创新性水平存在不足，有待提高。

为助力住建领域双碳人才培养，中国建筑出版传媒有限公司、全国土木工程领域双碳产教融合发展联盟共同组织编写了《建筑碳达峰碳中和基础知识》。

本书共8章。第1章介绍我国双碳目标的背景、意义以及住建领域实现双碳目标的实施路径；第2章对全球背景下的绿色低碳革命的产生、发展及内容等进行介绍；第3章针对绿色建筑与设备进行专业阐述；第4章就绿色城市与交通进行解读；第5章从住建领域碳排放核算、核查以及交易等角度进行全面介绍；第6章阐述碳排放权交易基础知识，并针对建筑领域碳排放权交易进行介绍；第7章从经济角度对碳金融创新进行解读；第8章介绍绿色低碳发展的相关政策。

本书具体编写分工：主编为陕西建工集团有限公司时炜、西安三好软件技术股份有限公司杨小春、四川建筑职业技术学院邓林；主审为咸阳职业技术学院张迪、中铁二十局集团中铁建安工程设计院有限公司李小军；第1章由四川工商学院赵睿编写；第2章由南京工业大学蒋博雅编写；第3章由日照职业技术学院徐锡权、陈曦，云南经济管理学院费维水、蔡昌茂编写；第4章由宁夏大学包超、四川建筑职业技术学院裴寒蕊编写；第5章由陕西建工安装集团有限公司刘宾灿编写；第6章由四川建筑职业技术学院彭丽编写；第7章由重庆城市职业学院韩永光编写；第8章由辽东学院邹迎辉编写；校对人员：西安三好软件技术股份有限公司刘和花、常美晨、王萍。

目 录

第 1 章 "双碳"目标 1
 1.1 我国提出"双碳"目标的背景 1
 1.2 "双碳"目标的重要意义 3
 1.3 我国"双碳"目标的顶层设计 6
 1.4 住建领域"双碳"实施路径 12

第 2 章 全球背景下的绿色低碳革命 14
 2.1 绿色低碳革命的提出与倡导 14
 2.2 绿色低碳政策的产生与发展 16
 2.3 绿色低碳革命的宗旨与目标 21
 2.4 绿色低碳革命的内容 22

第 3 章 绿色建筑与设备 26
 3.1 绿色建筑 26
 3.2 绿色建筑设备 33

第 4 章 绿色城市与交通 50
 4.1 绿色城市 50
 4.2 低碳交通 59

第 5 章 住建领域碳排放管理 74
 5.1 住建领域碳排放核算 74
 5.2 住建领域碳排放核查 85

第 6 章 碳排放权交易 96
 6.1 碳排放权交易基础 96
 6.2 建筑碳排放权交易 108
 6.3 建筑碳交易有利条件与发展挑战 113

第7章　碳金融创新···117

7.1　碳金融的现状··117
7.2　健全碳排放权交易市场体系····································129
7.3　发展绿色金融体系···139

第8章　绿色低碳发展相关政策·····································147

8.1　中共中央办公厅、国务院办公厅相关政策文件··················148
8.2　国家各部委相关政策文件······································149
8.3　教育部相关双碳人才培养政策文件······························155
8.4　各省、自治区、直辖市发布的碳达峰实施方案文件················156

参考文献···159

第 1 章 "双碳"目标

全球气候变化是当今世界共同面临的严重生态危机，关系着人类的生存和发展。减缓气候变化，拯救地球家园，保护我们自己，中国在积极行动。氢能作为火炬燃料，氢能大巴穿梭接驳，三大赛区 26 个场馆实现 100% 绿电供应，北京冬奥会成为首个"碳中和"冬奥会。发展清洁能源，支持煤炭清洁高效利用，截至 2022 年年末，我国绿色贷款余额 22.03 万亿元，存量规模居全球第一。可再生能源发电装机容量超 12 亿千瓦，水电、风电、太阳能发电、生物质发电装机容量均居世界第一，我国建成全球规模最大的清洁发电体系。

1.1 我国提出"双碳"目标的背景

2020 年 9 月，国家主席习近平在第七十五届联合国大会指出，中国将提高国家自主贡献力度，采取更加有力的政策和措施，二氧化碳排放力争于 2030 年前达到峰值，努力争取 2060 年前实现碳中和。

碳达峰碳中和是我国统筹国内国际两个大局做出的重大战略决策，是着力解决资源环境约束突出问题、实现中华民族永续发展的必然选择，是构建人类命运共同体的庄严承诺。

1.1.1 碳达峰：年排放量达到最大峰值后不再增长

所谓碳达峰，是指在某个确定的年份前，人类活动产生的二氧化碳年排放量处于增长阶段，而在该年份到达的时间点上，年排放量达到最大峰值后不再增长。

从当前日趋严重的极端天气事件看，显然二氧化碳的年排放量大于年吸收量。当然，这里的排放主要指由人类活动产生，吸收仍然基本依赖自然界。随着碳中和等知识的普及和相关约束，人类有意识的吸收将逐年增加。在碳达峰年到来前，年排放量仍在逐年增大——也就是说，在此之前，每年吸收不了的二氧化碳剩余量一直处于递增阶段，于达峰年当年达到峰值。

2030 年前实现碳达峰，意味着那些主要依靠产生温室气体释放能量的经济发展类型，要在时间受限的夹缝中，努力完成尚未完全实现的发展中国家工业化、城镇化阶段建设任务，既要符合《联合国气候变化框架公约》规定的"共同但有区别的责任""发展中国家有消除贫困、发展经济的优先需要"的原则，又要科学合理地体现大国担当。

那么，碳达峰年以及此前累积的二氧化碳等温室气体到底有多少呢？理论上，应该是从出现未被吸收的剩余量开始，直到达峰年间各个年度的剩余量总和。

如果用二维图像——年剩余量变化曲线（图1-1）来描述，其中，纵轴表示年度剩余量，横轴表示年份（从1850年工业革命出现剩余量开始），那么年度剩余量变化曲线与年份坐标轴围合所形成的面积，就表示总剩余量。可以看出，年份越长、峰年峰值越高，由年度剩余量变化曲线与横坐标所围合形成的总剩余量面积就越大，累积的温室气体总量就越多，温室效应后果就越严重，吸收任务也就越大。

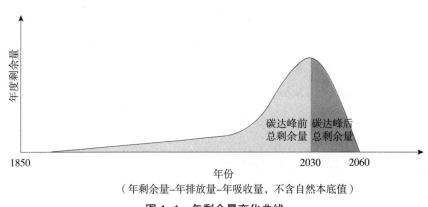

（年剩余量=年排放量-年吸收量，不含自然本底值）

图1-1 年剩余量变化曲线

1.1.2 碳中和：通过抵消实现二氧化碳"零排放"

碳中和是指国家、企业、产品、活动或个人在一定时间内直接或间接产生的二氧化碳或温室气体排放总量，通过植树造林、节能减排等形式抵消自身产生的二氧化碳或温室气体排放量，以实现正负抵消，达到相对"零排放"。我国定为2060年前实现碳中和，既符合《巴黎协定》中"在本世纪下半叶实现温室气体人为排放与清除之间的平衡"的规定时间要求，也是我国可持续发展的内在要求和推动构建人类命运共同体的责任担当。

碳中和年之前的各年排放量都大于吸收量，即从最大剩余量的达峰年开始，每年年末被吸收的剩余量逐年减少，直到剩余量为零的中和年，但历年的总累积量仍然在持续增加。如果继续在年剩余量变化曲线（图1-1）上标注，那么从达峰年的年最大剩余量开始，曲线逐年下降，直到降为中和年的零剩余量，而下降曲线与年份长度所形成的面积，则表示从达峰年到中和年所经历各年的碳剩余量总和。

如果达峰年到中和年间的曲线下降平缓，则表示年降低排放量小、强度弱，但周期拉长、总剩余量积累多，温室效应影响更加持久强烈；如果曲线陡降，则表示年降低排放量大、强度强，但周期缩短、总剩余量积累少，温室效应影响时间缩短、强度减弱。

就上升段和下降段的趋势总体来看，年份时间越长、峰年峰值越高，由上升曲线与下降曲线所围成的区域面积就越大,积累的温室气体总量就越多,温室效应后果就越严重。由此,必然导致平衡排放与吸收的难度,以及完成吸收任务的困难加大,时间拉长。

上升曲线部分总体平缓,是因为前期无认识而行动不自觉,经历年份长,最终由国家确定最高点;下降曲线部分基本陡峭,是因为后期对行动有所认识,且同样由国家确定中和零点,经历的年份较短。这是一场艰难的"碳中和"之战,不仅仅是全面战役,还要抢时间、加速度。部分发达国家已经在1990年实现碳达峰,相比我国提前40年,也为他们的"碳中和"赢得了40年时间,而我国从碳达峰到碳中和只有30年的时间,显然面临更大的挑战。

1.1.3 关于碳达峰、碳中和的误解与挑战

碳达峰是碳中和的前提、基础和必由之路。作为峰值高度和排放量由增转降的拐点,碳达峰的时间早晚和峰值高低,直接影响碳中和的开始、难度和时长。对于碳达峰年前的几年,绝不能理解为"要抓住时机大干快上,狠狠发展大量排放",而要谨慎按照新发展理念要求,能降(能耗)就降、能减(排放)就减、能吸收(二氧化碳)就吸收,尽量降低峰值高度。

正因为如此,在没有年剩余量积累的碳中和年当年,温室气体累积量最大、浓度最高、温室效应最强。此时,地球的最大危机才开始全面显现,极端天气发生的频度和强度都可能更多更强且难以预测,毕竟地球生态系统的连锁效应具有严重滞后性。但温室效应的转折也由此发生,由于年剩余量为零,累积不再增加,且随着吸收的增加,大气中二氧化碳的浓度开始下降,温室效应也相应减弱。所以,碳中和年也是温室效应达到最大而即将减弱的起始年。

碳中和之后,人类需继续忍受极端气候危害,因为大气中的温室气体浓度仍然很高,距离恢复到工业革命前,或者我国以2005年为基准对比的浓度,还十分遥远。目前,实现碳达峰的国家和城市不少,但尚未有一地实现碳中和。可见实现碳中和并非易事,恢复大气温室气体的理想浓度任重道远。

1.2 "双碳"目标的重要意义

1.2.1 碳达峰碳中和的科学内涵

1. 人类活动造成温室效应导致全球变暖

当前的气候变化科学普遍认为地球气候系统显著变暖,是人类活动排放的温室气体导致大气中温室气体浓度快速上升造成的。联合国政府间气候变化专门委员会(IPCC)在第四次评估报告中强调,气候变化为人类社会带来显著的气候风险成本,净损害在随着时间推进而增加,气候变化的影响在21世纪会超越地球许多生态系统的恢复能力,并带来不可逆转的海平面上升、冰川融化、更频繁的极端气候现象、物种消失、疾病肆虐及海洋酸

化等许多后果。IPCC 的第五次评估报告进一步确认了气候变化带来的影响，并认为亚洲地区面临的三大气候风险为：洪水对基础设施的破坏、热浪带来的死亡和干旱带来的食品短缺。

IPCC 在《IPCC 全球升温 1.5℃特别报告》中分析了如何实现控制全球升温 1.5℃的目标以及升温带来的影响。报告指出，与将全球升温限制在 2℃相比，限制在 1.5℃对人类和自然生态系统有明显的益处，同时还可确保社会更加可持续和公平。若要将升温限制在 1.5℃，全球碳排放需在 2030 年前减半，并在 21 世纪中叶达到净零。

中国气象局在《全球气候状况报告（2022）》中指出，2022 年，全球大部分陆地气温接近常年至偏高，其中，亚洲北部、中亚、西亚东部、欧洲北部和西部、格陵兰大部等地偏高 1℃以上。全球年平均陆地气温较 1850 年至 1900 年平均值偏高 1.67℃，为 1850 年以来第四高，如图 1-2 所示。

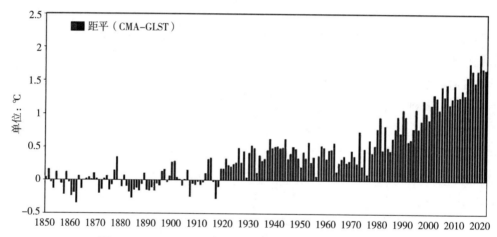

图 1-2　1850—2022 年全球年平均陆地气温距平历年变化

图片来源：国家气候中心

IPCC 在第六次评估报告中预估了未来近期（2021—2040 年）、未来中期至远期（2041—2100 年）的未来气候变化风险。对于未来近期而言，风险主要取决于暴露度和脆弱性的变化；对于未来中期至远期而言，气候变化风险将随着全球升温加剧而增加。

IPCC 在第六次评估报告中表明，全球温升的增加将会带来危害的升级。更严重的热浪、更强烈的降雨和其他极端天气进一步增加了人群健康和生态系统的风险。每个地区都出现了极端高温导致人员死亡的情况。随着全球变暖，气候变化对粮食安全和水安全产生的不利影响将随之加剧。当风险与流行病、冲突事件等其他不利因素合并发生时，情况将会更难以控制。

2. 应对气候变化是生态文明建设的重要内容

人口规模，经济发展水平，工业化、城镇化水平，能源结构等因素显著影响碳排放水平。1989 年，日本学者 Yoichi Kaya 在 IPCC 会议上提出了 Kaya 恒等式，Kaya 恒等式通过数学分析方法，建立起人类活动产生的二氧化碳与人口规模、技术水平、能源结构、环境规制等的联系。Kaya 恒等式指出，二氧化碳排放水平取决于人口规模、人均国内生产总值、单位 GDP 能耗以及单位能耗碳排放水平。各因素受到技术水平、环境规制等的影响，又作用于生产和消费活动对二氧化碳排放水平产生直接或间接的影响。

对于"碳达峰"和"碳中和"两个阶段，其实质都是减少人类活动中的碳排放，需要一个旨在减少和抵消温室气体排放的平衡混合战略。"碳中和"意味着生态系统、经济系统、政治系统共同的发展与演变，在推进"双碳"目标实现过程中，要兼顾国民经济系统正常运行、居民收入与就业等经济社会目标的实现。

中国的人口基数大并且一次能源消费以煤炭为主，中国碳核算数据库有效数据显示，2022 年，中国碳排放量累计 110 亿吨，约占全球碳排放量的 28.87%。中国目前仍是发展中国家，在将来必然面临更大的国际减排压力。

1.2.2 碳达峰碳中和的政策内涵

1. 国际共识

联合国气候变化大会是全球规模最大、最重要的气候相关年度会议。1992 年，联合国在巴西里约热内卢地球问题首脑会议上通过了《联合国气候变化框架公约》，并成立该公约的协调机构，即如今的公约秘书处。公约中，各国同意"稳定大气中的温室气体浓度，以防止人类活动对气候系统造成危险的干扰"。目前该公约有 197 个缔约方。自 1994 年公约生效以来，联合国每年都会召集全球几乎所有的国家参加气候变化大会。大会期间，各国就原始公约的各种延伸进行谈判，以确立具有法律约束力的排放限制。例如，在 1997 年的《京都议定书》和 2015 年的《巴黎协定》中，世界各国同意加紧努力，将全球升温限制在比工业化前水平高 1.5℃以内，并促进气候行动融资。

2. 国家共识

"双碳"目标一定是经济与环境共进，效益与效率兼存，只有国家各政府层级、各生产部门及消费群体达成一致共识，随后利用优质的顶层设计将"双碳"目标部署在各层级政府机关与各产业生产机构，深度落实区域碳排放总量减少、产业减碳技术升级、国家碳汇储备总量提升，多产业融合发展，才能促成科学技术整体提升，尽早实现国家碳达峰碳中和目标。

2013 年 11 月，中国发布第一部专门针对适应气候变化的战略规划《国家适应气候变化战略》，使应对气候变化的各项制度、政策更加系统化。2015 年 6 月，中国向公约秘书处提交了《强化应对气候变化行动——中国国家自主贡献》文件，确定了到 2030 年的自主行动目标：二氧化碳排放 2030 年左右达到峰值并争取尽早达峰；单位国内生产总值二氧化碳排放比 2005 年下降 60%~65%，非化石能源占一次能源消费比重达到 20% 左右，森林蓄积量比 2005 年增加 45 亿立方米左右。

3. 价值提升

"双碳"目标对各产业有一定要求，使产业更注重低碳性、生态性和可持续性。但一味地注重技术提升，反而容易忽略产业自身经济收益与生产效率。因此在产业生产方面的价值提升有一定的迫切性与必要性。在产业经济方面进行结构化调整与转型，实现产业高质量产出、高质量运营、高质量管理，推动国家经济高质量发展，实现经济稳定发展。积极落实可持续发展目标，实现金融可持续、产业可持续、环境可持续、资源可持续等多方面持续发展战略，践行"两山理论"，将生态文明建设不仅落实在政策上，也要在基层实施上持续、稳定发力，实现经济与环境的协同发展。

1.3 我国"双碳"目标的顶层设计

我国推进碳达峰碳中和工作采用"1+N"政策体系，"1"指一个顶层设计文件，即《中共中央 国务院关于完整准确全面贯彻新发展理念做好碳达峰碳中和工作的意见》（中发〔2021〕36号）（以下简称《意见》）；"N"包括《2030年前碳达峰行动方案》（以下简称《方案》)，能源、工业、交通运输、城乡建设等分领域分行业碳达峰实施方案，以及科技支撑、能源保障、碳汇能力、财政金融价格政策、标准计量体系、督察考核等保障方案。

1.3.1 《意见》：对"双碳"工作进行系统谋划和总体部署

《意见》覆盖碳达峰、碳中和两个阶段，对碳达峰碳中和工作进行了系统谋划和总体部署，在"1+N"政策体系中发挥统领作用。《意见》提出构建绿色低碳循环发展经济体系、提升能源利用效率、提高非化石能源消费比重、降低二氧化碳排放水平、提升生态系统碳汇能力5个方面的主要目标，认为实现"双碳"目标是一项多维、立体、系统的工程，涉及经济社会发展的方方面面，并明确了我国碳达峰、碳中和工作的路线图和施工图。

1. 工作原则

全国统筹：全国一盘棋，强化顶层设计，发挥制度优势，实行党政同责，压实各方责任。根据各地实际分类施策，鼓励主动作为、率先达峰。

节约优先：把节约能源资源放在首位，实行全面节约战略，持续降低单位产出能源资源消耗和碳排放，提高投入产出效率，倡导简约适度、绿色低碳生活方式，从源头和入口形成有效的碳排放控制阀门。

双轮驱动：政府和市场两手发力，构建新型举国体制，强化科技和制度创新，加快绿色低碳科技革命。深化能源和相关领域改革，发挥市场机制作用，形成有效激励约束机制。

内外畅通：立足国情实际，统筹国内国际能源资源，推广先进绿色低碳技术和经验。统筹做好应对气候变化对外合作，不断增强国际影响力和话语权，坚决维护我国发展权益。

防范风险：处理好减污降碳和能源安全、产业链供应链安全、粮食安全、群众正常生活的关系，有效应对绿色低碳转型可能伴随的经济、金融、社会风险，防止过度反应，确保安全降碳。

2. 主要目标

《意见》制定了"三步走"路线图，具体目标见表1-1。

"三步走"路线图　　　　　　　　　表1-1

目标/年份	2025	2030	2060
单位GDP能耗	较2020年下降13.5%	大幅下降	—
单位GDP二氧化碳排放	较2020年下降18%	较2005年下降65%	—
非化石能源消费比重	20%	25%	80%
风电、太阳能发电装机量	—	12亿千瓦	—
森林覆盖率	24.10%	25%	—
森林蓄积量	180亿立方米	190亿立方米	—

中国提出了2030年前碳达峰的目标，相关研究分析，预计峰值排放量将会达到101亿~122亿吨。中国实现碳达峰碳中和目标时间紧、任务重，是一项复杂的系统工程。科学制定减排的时间表和路线图，需要处理好长期与短期、减排与发展、局部与总体的协同关系，也要处理好长远目标和短期目标、政府和市场的关系。因此，各地在研究确定产业结构调整方向时，必须实事求是、循序渐进、持续发力，把握好践行"双碳"的分寸和火候。

3. 重点任务

《意见》中提出了实现"双碳"目标的十项举措：

（1）推进经济社会发展全面绿色转型

强化绿色低碳发展规划引领，将碳达峰、碳中和目标要求全面融入经济社会发展中长期规划；优化绿色低碳发展区域布局；加快形成绿色生产生活方式。

（2）深度调整产业结构

推动产业结构优化升级，制定能源、钢铁、有色金属、石化化工、建材、交通、建筑等行业和领域碳达峰实施方案；坚决遏制高耗能高排放项目盲目发展；大力发展绿色低碳产业。

（3）加快构建清洁低碳安全高效能源体系

强化能源消费强度和总量双控，严格控制能耗和二氧化碳排放强度，统筹建立二氧化碳排放总量控制制度；大幅提升能源利用效率；严格控制化石能源消费；积极发展非化石能源;深化能源体制机制改革。

(4) 加快推进低碳交通运输体系建设

优化交通运输结构;推广节能低碳型交通工具,加快发展新能源和清洁能源车船;积极引导低碳出行。

(5) 提升城乡建设绿色低碳发展质量

推进城乡建设和管理模式低碳转型;大力发展节能低碳建筑;加快优化建筑用能结构。

(6) 加强绿色低碳重大科技攻关和推广应用

强化基础研究和前沿技术布局,制定科技支撑碳达峰、碳中和行动方案,编制碳中和技术发展路线图;加快先进适用技术研发和推广。

(7) 持续巩固提升碳汇能力

巩固生态系统碳汇能力;提升生态系统碳汇增量。

(8) 提高对外开放绿色低碳发展水平

加快建立绿色贸易体系;推进绿色"一带一路"建设;加强国际交流与合作。

(9) 健全法律法规标准和统计监测体系

健全法律法规;完善标准计量体系;提升统计监测能力,健全电力、钢铁、建筑等行业领域能耗统计监测和计量体系,加强重点用能单位能耗在线监测系统建设。

(10) 完善政策机制

完善投资政策;积极发展绿色金融;完善财税价格政策;推进市场化机制建设,加快建设完善全国碳排放权交易市场,将碳汇交易纳入全国碳排放权交易市场。

1.3.2 《方案》:将碳达峰贯穿于经济社会发展全过程和各方面

《方案》聚焦"十四五"和"十五五"两个碳达峰关键期,提出了提高非化石能源消费比重、提升能源利用效率、降低二氧化碳排放水平等方面主要目标,提出了能源绿色低碳转型行动、节能降碳增效行动、工业领域碳达峰行动等"十大达峰行动",并对部分达峰行动提出了明确的时点目标。《意见》《方案》两个政策文件提出了我国推进"双碳"工作的指导思想、工作原则、主要目标和任务举措,擘画了我国绿色低碳高质量发展的蓝图。

1. 工作原则

总体部署、分类施策:坚持全国一盘棋,强化顶层设计和各方统筹。

系统推进、重点突破:加强政策的系统性、协同性,推动重点领域、重点行业和有条件的地方率先达峰。

双轮驱动、两手发力:更好发挥政府作用,构建新型举国体制,充分发挥市场机制作用。

稳妥有序、安全降碳:坚持先立后破,稳妥有序、循序渐进推进碳达峰行动,确保安全降碳。

2. 主要目标

"十四五"期间,产业结构和能源结构调整优化取得明显进展,重点行业能源利用效率大幅提升,煤炭消费增长得到严格控制,新型电力系统加快构建,绿色低碳技术研发和推广应用取得新进展,绿色生产生活方式得到普遍推行,有利于绿色低碳循环发展的政策体系进一步完善。到2025年,非化石能源消费比重达到20%左右,单位国内生产总值能源消耗比2020年下降13.5%,单位国内生产总值二氧化碳排放比2020年下降18%,为实现碳达峰奠定坚实基础。

"十五五"期间,产业结构调整取得重大进展,清洁低碳安全高效的能源体系初步建立,重点领域低碳发展模式基本形成,重点耗能行业能源利用效率达到国际先进水平,非化石能源消费比重进一步提高,煤炭消费逐步减少,绿色低碳技术取得关键突破,绿色生活方式成为公众自觉选择,绿色低碳循环发展政策体系基本健全。到2030年,非化石能源消费比重达到25%左右,单位国内生产总值二氧化碳排放比2005年下降65%以上,顺利实现2030年前碳达峰目标。

3. 重点任务

重点实施能源绿色低碳转型行动、节能降碳增效行动、工业领域碳达峰行动、城乡建设碳达峰行动、交通运输绿色低碳行动、循环经济助力降碳行动、绿色低碳科技创新行动、碳汇能力巩固提升行动、绿色低碳全民行动、各地区梯次有序碳达峰行动等"碳达峰十大行动"。

(1)能源绿色低碳转型行动,将通过推进煤炭消费替代和转型升级、大力发展新能源、因地制宜开发水电、积极安全有序发展核电、合理调控油气消费、加快建设新型电力系统等六个方面进行展开。

在节能降碳增效行动方面,通过全面提升节能管理能力、实施节能降碳重点工程、推进重点用能设备节能增效、加强新型基础设施节能降碳等四个方面展开。

(2)工业领域碳达峰行动,将从推动工业领域绿色低碳发展、推动钢铁行业碳达峰、推动有色金属行业碳达峰、推动建材行业碳达峰、推动石化化工行业碳达峰、坚决遏制"两高"项目盲目发展等六个方面展开。

(3)城乡建设碳达峰行动,将从推进城乡建设绿色低碳转型、加快提升建筑能效水平、加快优化建筑用能结构、推进农村建设和用能低碳转型等四个方面展开。

(4)交通运输绿色低碳行动,将从推动运输工具装备低碳转型、构建绿色高效交通运输体系、加快绿色交通基础设施建设等三个方面展开。

(5)循环经济助力降碳行动,将从推进产业园区循环化发展、加强大宗固废综合利用、健全资源循环利用体系、大力推进生活垃圾减量化资源化等四个方面展开。

(6)绿色低碳科技创新行动,将从完善创新体制机制、加强创新能力建设和人才培养、强化应用基础研究、加快先进适用技术研发和推广应用等四个方面展开。

(7)碳汇能力巩固提升行动,将从巩固生态系统固碳作用、提升生态系统碳汇能力、加强生态系统碳汇基础支撑、推进农业农村减排固碳等四个方面展开。

（8）绿色低碳全民行动，将从加强生态文明宣传教育、推广绿色低碳生活方式、引导企业履行社会责任、强化领导干部培训等四个方面展开。

（9）各地区梯次有序碳达峰行动，将从科学合理确定有序碳达峰目标、因地制宜推进绿色低碳发展、上下联动制定地方碳达峰方案、组织开展碳达峰试点建设等四个方面展开，要求各地区准确把握自身发展定位，结合本地区经济社会发展实际和资源环境禀赋，坚持分类施策、因地制宜、上下联动，梯次有序推进碳达峰。

1.3.3 重点政策启示

1. "双碳"行动持续纠偏，保障经济稳定增长

2021年四季度以来，中央持续对全国"双碳"行动进行纠偏，要求先立后破，不搞"一刀切、运动式"减碳。

2021年10月24日，国务院在《2030年前碳达峰行动方案》中明确能源安全和经济增长是降碳的两大底线，强调"稳妥有序、循序渐进推进碳达峰行动，确保安全降碳"。

2021年12月10日，中央经济工作会议提出，要正确认识和把握碳达峰碳中和，实现碳达峰碳中和不可能毕其功于一役，要坚持全国统筹、节约优先、双轮驱动、内外畅通、防范风险的原则。

2022年1月24日，中共中央政治局集体学习时，也强调要处理好发展和减排的关系。

2023年4月22日，国家标准委、国家发展改革委、工业和信息化部等11个部门发布《碳达峰碳中和标准体系建设指南》，提出加快构建结构合理、层次分明、适应经济社会高质量发展的碳达峰碳中和标准体系。

总体来看，我国对"双碳"行动的纠偏工作还将持续，以此保障经济的稳定增长。一方面，近期中央和地方针对"双碳"的表述明显趋松，许多省份出台的相关政策在强调做好"双碳"工作的同时，增加了"科学、有序"的表述；另一方面，中央部委也从政策上进行了调整和引导，如2022年2月8日，工业和信息化部、国家发展改革委、生态环境部联合发文，将钢铁行业碳达峰时间推迟5年至2030年。

2. 政策体系持续完善，细化方案陆续出台

目前，工业、城乡建设等领域碳达峰实施方案和《科技支撑碳达峰碳中和实施方案（2022—2030年）》已先后发布，国务院国资委、国家机关事务管理局等部委也已明确相关领域的碳达峰行动方案。

2021年11月16日，国家机关事务管理局等联合发布《深入开展公共机构绿色低碳引领行动促进碳达峰实施方案》，明确有条件的地区2025年前实现公共机构碳达峰、全国公共机构碳减排总量要在2030年前尽早达峰。

2021年11月27日，国务院国资委发布《关于推进中央企业高质量发展做好碳达峰碳中和工作的指导意见》，明确央企2030年前碳达峰并实现碳排放稳中有降。

2022年7月13日，住房和城乡建设部、国家发展改革委发布《城乡建设领域碳达峰实施方案》，明确2030年前城乡建设领域碳排放达到峰值。

2022年8月1日，工业和信息化部、国家发展改革委、生态环境部发布《工业领域碳达峰实施方案》，提出通过产业结构与用能结构优化，努力达峰削峰，在实现工业领域碳达峰的基础上强化碳中和能力。

2022年8月18日，科技部等九部门发布《科技支撑碳达峰碳中和实施方案（2022—2030年）》，提出到2025年实现重点行业和领域低碳关键核心技术的重大突破，到2030年大幅提升能源技术自主创新能力。

2022年11月8日，住房和城乡建设部、国家发展和改革委员会、工业和信息化部、生态环境部印发《建材行业碳达峰实施方案》，提出"十四五"期间，建材产业结构调整取得明显进展，行业节能低碳技术持续推广，水泥、玻璃、陶瓷等重点产品单位能耗、碳排放强度不断下降，水泥熟料单位产品综合能耗水平降低3%以上。"十五五"期间，建材行业绿色低碳关键技术产业化实现重大突破，原燃料替代水平大幅提高，基本建立绿色低碳循环发展的产业体系。确保2030年前建材行业实现碳达峰。

2023年5月22日，工业和信息化部科技司公开征求对《工业领域碳达峰碳中和标准体系建设指南（2023版）》（征求意见稿）的意见，提出工业领域碳达峰碳中和标准体系框架，规划了相关标准的研制方向，注重与现有工业节能与综合利用标准体系、绿色制造标准体系的有效衔接。希望通过加快相关标准制定、持续完善标准体系，推进工业领域向低碳、零碳发展模式转变。目前，该文件已正式发布。

随着各大领域碳达峰实施方案的陆续出台，双碳"1+N"政策体系也在持续完善，进程进一步加快。

3. 住建领域相关政策

住建领域的碳排放主要可以分为建筑工程排放与建筑运行排放，建筑材料的生产与施工已实现达峰，建筑运行碳排放达峰亟需完成，其中公共与商业建筑是重点。商业建筑的能耗和碳排放集中在运行阶段，以空调、照明、电梯系统为主，通过新能源利用技术和楼宇智能管理技术实现能源零碳化及能效提高，是降碳的关键。

2022年3月12日，住房和城乡建设部印发《"十四五"建筑节能与绿色建筑发展规划》，提出要强化公共建筑运行监管体系建设，统筹分析应用能耗统计、能源审计、能耗监测等数据信息。开展建筑群整体参与的电力需求响应试点，积极参与调峰填谷，实现建筑用能与电力供给的智慧响应。

住房和城乡建设部、国家发展改革委联合发布的《城乡建设领域碳达峰实施方案》（建标〔2022〕53号），提出到2025年，城镇新建建筑全面执行绿色建筑标准；大力发展装配式建筑，推广钢结构住宅，到2030年装配式建筑占当年城镇新建建筑的比例达到40%；推广智能建造，到2030年培育100个智能建造产业基地，打造一批建筑产业互联网平台，形成一系列建筑机器人标志性产品；利用建筑信息模型（BIM）技术和城市信模型（CIM）平台等，推动数字建筑、数字孪生城市建设，加快城乡建设数字化转型等明确目标。

1.4　住建领域"双碳"实施路径

建筑全过程涵盖从建筑材料生产到建筑建设施工，再到建成后的运行等环节。据中国建筑节能协会统计，三个阶段的碳排放比重分别为28%、1.0%和21.6%。我国建筑全过程能耗占到全国能源消费总量的45%，碳排放量占到全国排放总量的50.6%。

住建领域节能降碳在全国减排进程中占据举足轻重的地位。2010—2019年，我国建筑面积增长约50%。未来10年，我国城镇化率增长空间在6%左右，加上各区域均有发展需求，必将带动全国建筑面积持续增长。预测到2025年，城镇居住建筑、公共建筑面积的增量分别在50亿平方米、22亿平方米。到2030年，二者总量分别达到约420亿平方米、173亿平方米，这是一个相当大的空间。同时，为满足人民群众对建筑舒适度及健康性需求的增长，建筑能源刚性需求增长的趋势是客观存在的。在住建领域推进"双碳"，尤其是建筑碳达峰工作过程中，对这种趋势须高度重视。

当然，新需求也催生新的市场空间。这既包括对城市规划设计的要求，也包括基础设施、城市住区的绿色低碳化，最后才落到单体建筑。"十四五"期间，建筑节能低碳与绿色建筑市场有望带来2.2万亿元增量。

1.4.1　建筑减排的三个效应

区别于工业、交通等其他重点领域，建筑减排有自己的特征。

（1）碳锁定效应。在一定条件下，建筑从生产建材、施工再到运行、拆除阶段，全生命周期碳排放量整体是固定的。这意味着建筑一旦建成，后期再想做大的改变十分困难，这就要求我们从设计规划阶段提早切入，充分考虑未来如何实现更低排放。

（2）长尾效应。建筑千栋万栋，我们只能一栋一栋实施节能改造。事实上，少量的单体建筑对改变排放量并没有什么影响，只有达到一定量的积累，减碳效果才能凸显出来。因此，我们就要考虑有序达峰，有能力地区先达峰，通过开发可再生能源建筑、电气化等手段，削减峰值、平稳过渡。同时还要尽可能缩短平台期，让迈向碳中和的斜率尽可能小，尽量平缓。

（3）路径依赖带来的连锁效应。比如，改变目前供暖方式的燃料来源十分困难。不少地区长期使用燃煤供暖，除了供暖站本身，输配管网、建筑构造及技术等配套也难以同步改造，导致建筑对能源本身的路径依赖较严重。

在建筑节能减排过程中，应重点考虑如何用绿色低碳的方式来满足人民群众的需求，同时随着建筑可再生能源的规模化应用，应尽早对建筑业主如何参与、推动能源生产与消费革命进行顶层制度设计。目前，我国建筑业主仅仅是能源消费者，如果通过推动建筑可再生能源规模化应用,就可以转变角色,使居住者既能消费能源又能生产能源,不但大大助推节能降碳,而且能满足生活用能需求,让老百姓得到实惠。部分农村用房正在推行的光伏发电项目就是例子,这些有光伏发电的房屋既消耗能源又可以发电、生产能源,实现了需求侧和供给侧双向发力。

1.4.2 从"老三步走"到"新三步走"

"老三步走"是指从20世纪80年代起,我国建筑设计标准逐步由节能30%提至50%、再到65%的过程。从能耗曲线来看,其在2000年达到高点后下降,我国北方地区采暖能耗从33公斤标准煤/平方米降至15公斤标准煤/平方米左右。"新三步走"则是从源头节能,由低能耗建筑到零能耗建筑,再到利用创新技术手段,使建筑产生的能量超过自身运行所需的能量,建造产能型建筑。

为进一步提质增效,各项配套工作还需跟上。建立健全以节能和低碳发展为导向,适应"双碳"时代的技术、标准、政策法规、市场及能力体系。例如,建设集光伏发电、储能、直流配电、柔性用电于一体的"光储直柔"建筑,这是未来10年的一个主流方向,"推广光伏发电与建筑一体化应用"被写入国务院印发的《2030年前碳达峰行动方案》。新建办公建筑、居住建筑可以将光储直柔系统设计纳入规划阶段,促进风电、光电消纳能力提升。再如,医院学校类建筑对用电可靠性需求高,光储直柔系统具备独立运行能力,在外部电网失电情况下可根据用户需求,保障重要负荷一段时间内的连续供电。

1.4.3 人才将起至关重要的作用

实现"双碳"目标,尤其要重视"人"的作用。"双碳"目标对从业者提出了一系列新要求,诸如对建筑碳排放核定、计算、统计等方法,以及建筑碳排放标准、技术导则的掌握,与绿色低碳要求相匹配的政府组织管理能力、企业决策指挥能力等。当前急需构建支撑"双碳"目标实现的能力体系。由中国建筑节能协会、国家节能中心等五家机构发起申请的新职业——建筑节能减排咨询师已经通过人力资源和社会保障部向社会公示,未来将在我国建筑节能减排各领域发挥应有的作用,推动住建领域"双碳"目标实施的能力建设。

第2章　全球背景下的绿色低碳革命

2.1　绿色低碳革命的提出与倡导

2.1.1　可持续发展战略

可持续发展是指既满足当前需要而又不削弱子孙后代满足其需要之能力的发展。所以，可持续发展是保护自然资源与生态环境的重要保障，任何战略决策都必须以此为方向，以此为前提。从目前形势上来看，从工业生产到交通运输，从城市建设到载人航天，人类生活都产生着大量的碳排放，自然资源和生态环境也遭到了破坏，严重违背了可持续发展的理念。

可持续发展战略是指实现可持续发展的行动计划和纲领，是国家在多个领域实现可持续发展的总称，它要使各方面的发展目标，尤其是社会、经济与生态、环境的目标相协调，具有基础性、长期性、全局性等特征，是指导我国实现经济、社会、生态可持续发展的综合战略。

我国可持续发展战略对于2030年可持续发展目标的响应逻辑，如图2-1所示，可将

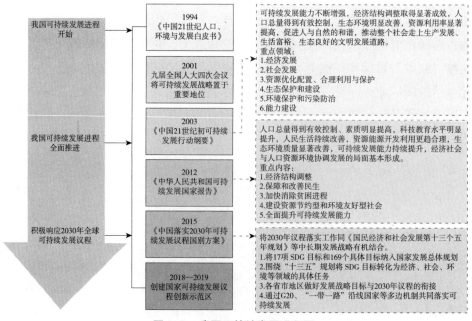

图2-1　我国可持续发展进程图

我国可持续发展战略目标分解至经济、社会、生态环境三大类可持续发展领域。

当代资源和生态环境问题日益突出，向人类提出了严峻的挑战。这些问题既对科技、经济、社会发展提出了更高目标，也使日益受到人们重视的综合国力研究达到前所未有的难度。可持续发展战略，不仅是谋求单纯的经济增长，而且是谋求经济发展与人口、资源、环境的协调，以实现经济和社会的长期可持续发展。因此，我们必须倡导可持续发展，共同维护我们生活的家园。

从某种程度上而言，摆脱可持续发展理念的实施困境，关键之处在于如何在社会发展和环境保护之间寻求一个合适的"度"：一方面，去除人类中心主义，建构将人类视为生命共同体成员的认知准则，将生态中心主义作为可持续发展理念的核心指导思想；另一方面，在利用可持续发展理念制定具体的经济和社会发展政策的过程中，抛开那种只讲究效率而忽视公平的做法，维护生态正义，在发展中国家和发达国家之间寻求共同解决发展和环境保护问题的行为准则。

2.1.2　绿色低碳可持续发展战略

随着工业化进程的深入，全球气候正逐渐发生改变，大量排放的温室气体使得干旱、洪涝等自然灾害频发，不少生物物种濒临灭绝，生物多样性遭到了破坏，冰川融化、生态环境恶化、地球资源枯竭等自然灾害接踵而至。长此以往，人类终将遭到反噬。所以，气候变化是当前人类面临的最大威胁，而造成气候变化的主要原因是以二氧化碳为主的温室气体的排放。经过人类漫长的探索与反省，绿色低碳的可持续发展理念得到了逐渐深化。

在当前碳时代下我国的压力巨大（见图 2-2），2017 年我国碳排放总量占世界的 27%，尽管人均只有 0.69 吨，不到美国的一半，也比欧洲少，但由于人口总量大，如果想既满足人民的生活质量，又完成减碳任务与承诺，走只关注工业发展的老路是行不通的，必须要创新，必须要走绿色低碳可持续发展道路。

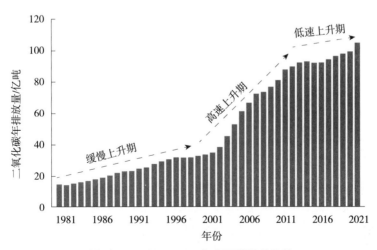

图 2-2　1981—2021 年中国碳排放趋势

绿色低碳可持续发展无疑是在可持续发展原则的基础上添加了以绿色、低碳为前提的必要践行方式。而真正实现绿色、低碳，就要控制二氧化碳等温室气体的排放。为了减少碳排放对气候日益恶化的影响，我国提出了碳中和、碳减排的概念。对我国而言，走绿色低碳的发展战略既是巨大机遇，也是重要挑战。

当前世界处于碳减排、碳中和的创新"元宇宙"时代，从物联网时代（把现实社会与数字社会结合）、芯片时代（把芯片应用到各行各业）、数字时代（往前推进）、大数据时代（看到如何能更好地应用），最后到随着数据等积累而进入的智能时代，在此背景下，国家构建以国内大循环为主体、国内国际双循环相互促进的新发展格局。目前在国际上，尤其是中美之间，有很多交易慢慢停顿下来。而国内中小城市现在正是发展阶段，产生了巨大的需求，表明国内在低碳交易市场有很大潜力，发展空间巨大。所以，践行绿色、低碳的可持续发展，必须从国内市场下手，从多个方面倡导，并且从根源解决二氧化碳等温室气体的排放。

2.2 绿色低碳政策的产生与发展

2.2.1 政治、经济、环境与文化背景

碳达峰、碳中和时间表的确立，为我国经济社会发展设置了新的约束条件，这势必引发我国产业结构、投资和技术、生产方式和生活方式等全方位和系统性变革。如何将国际承诺落实为可预期的行动，保证"双碳"目标如期实现，离不开政府、企业以及全社会的共同努力。对于气候和空气质量等具有很强外部性的公共物品，尤其需要政府部门进行相关配套制度设计和政策创新。

2022年2月，《国家发展改革委 国家能源局关于完善能源绿色低碳转型体制机制和政策措施的意见》对推进能源绿色低碳转型工作进行了详细部署。该文件还提出，到2030年，基本建立完整的能源绿色低碳发展基本制度和政策体系，形成非化石能源既基本满足能源需求增量又规模化替代化石能源存量、能源安全保障能力得到全面增强的能源生产消费格局，指出中国当前的发展趋势以及未来的发展前景，强调能源是实现"双碳"目标的最大突破口。

2.2.2 国外绿色低碳相关政府文件的出台

1. 东盟国家的绿色低碳政策

在东盟国家中，作为全球治理典范，新加坡有着良好的环境治理体系，早在2006年新加坡政府就制定了《公共部门引领环境可持续性倡议》（PSTLES），旨在提升公共部门对资源的使用效率。在2021年，新加坡政府又制定了2030年新加坡绿色发展蓝图，并将原有《公共部门引领环境可持续性倡议》（PSTLES）的内容进一步丰富革新推出绿色政府倡议（Green Gov.SG），旨在通过以公共部门为表率，进行更多的绿色低碳实践。除了新加坡

外，其他东盟国家由于早期并未十分重视国内环境问题，导致其近年来经济发展受到限制，在绿色发展需求的推动下，也纷纷制定了相应低碳发展政策。如柬埔寨通过提出本国的"绿色增长路线图"，规划了未来绿色经济发展路线，将绿色低碳发展作为国家重点发展方向之一，大力支持低碳能源利用，减少污染物的排放，支持相关绿色经济产业的建设。在2005—2025年的国家长期发展规划中，印度尼西亚则是提出了"绿色印尼，永续印尼"的发展理念，配套实施了一系列环保政策，以支持相关企业进行低碳化转型。越南则基于自身商品市场特征，持续推进生态产品市场、绿色采购、绿色商品等绿色经济模式。

2. 中亚国家的绿色低碳政策

中亚国家较早地开始了产业结构的绿色转型，并积极开展同周边国家的绿色低碳合作。如2012年，哈萨克斯坦提出了"绿色桥梁"倡议，并在其后几年不断调整完善其环境战略，在绿色新能源合作、绿色低碳技术研发、绿色产业建设等方面进行规划布局。乌兹别克斯坦在2013年制定了绿色行业发展机制，通过改革落后产业，优化过剩产能的形式，旨在扭转原有高污染、高碳排的单一产业经济发展模式。塔吉克斯坦则注重绿色低碳合作，与乌兹别克斯坦、哈萨克斯坦等国签订了《建立绿色走廊协议》，与多国共同搭建绿色产能合作平台。

3. 南亚国家的绿色低碳政策

南亚国家以印度为代表，由于人口数量的不断增加以及能源短缺问题开始凸显，印度提出了"绿色经济"大国的构想，大力推动本国低碳经济发展，加大对本国绿色技术研发，使用更多清洁能源降低碳排放。同时，分别于2006年、2008年相继推出了《能源综合政策报告》《国家应对气候变化计划》，旨在提高对于能源的利用效率，在未来的生产消费中减少煤炭、石油等高碳排放能源的使用，增加新能源的使用，以降低本国的碳排放强度。此外，印度还制定了《印度环境法》《印度能源法》，将遏制和扭转本国高碳排放现状作为基本目标的同时，注重维护自身经济发展的稳定与可持续性。

4. 欧盟国家的绿色低碳政策

在欧盟中有部分国家虽然不属于欧盟核心圈，但出台的相关绿色低碳政策标准基本与欧盟一致，可见欧盟国家在普及绿色低碳政策的完善上做到了全面与具体。如欧盟对造成大气污染的污染物进行了细化，对于常见的汽车尾气排放，欧盟在2019年出台了汽车二氧化碳排放标准Regulation（EU）20191631，对汽车尾气碳排放标准进行了明确规定，要求2025年汽车碳排放量相对降低15%，2030年下降37.5%。在2021年7月，欧盟又提出了"Fit for 55"（"减碳55"）的一揽子气候计划，涉及欧盟碳排放权交易体系建设、碳边境调节机制、能源税收问题、可持续航空燃料、可持续海运燃料、社会气候基金等12个方面内容，旨在通过这一计划，进一步推动欧盟成员国节能减排，打造绿色生态环境与低碳产业的发展。

5. 俄罗斯联邦的绿色低碳政策

俄罗斯联邦拥有着丰富的油气资源，但正是长期以来依赖油气资源出口的发展模式，使其经济结构失衡较为严重,同时过度开发与加工油气资源也对其环境造成了较为恶劣的影响。随着俄罗斯联邦经济发展进入瓶颈期以及当前世界能源市场环境的变化,俄罗斯联邦也开始注重绿色低碳发展模式,对其能源结构进行改善,降低能源损耗率,以达到绿色发展目的。如在《2008—2020年国家社会生态长期发展规划》中就明确了绿色低碳经济的主要发展目标,其后又配套提出了对于国内新能源产业的系列扶持政策,以支持相关产业发展壮大。不仅如此,俄罗斯联邦依托"一带一路"倡议、上海合作组织等平台,积极同中国开展绿色低碳合作,如签署了《水污染防治行动计划》《大气污染防治行动计划》等协议,还在清洁能源合作、绿色能源转型等方面加强了协同交流。

2.2.3 中国绿色低碳相关政府文件的出台

根据中央部门文件出台时间以及政策主题分布情况可知,我国绿色低碳政策发展历程大致可分为节能增效期、低碳发展期、"双碳"约束期三个阶段,如图2-3所示。

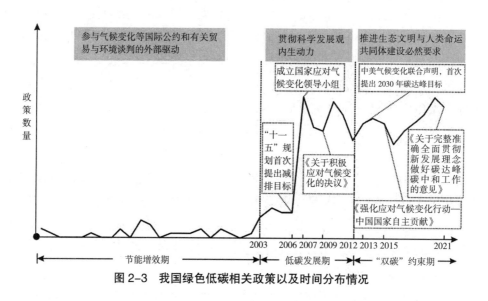

图2-3 我国绿色低碳相关政策以及时间分布情况

1. 节能增效期(2003年以前)

在节能增效期,《联合国气候变化框架公约》等国际立法及世界其他主要国家的示范作用,是我国相关政策制定和出台的外部驱动力。这一时期的政策意图重在"节能",虽然具备降低能耗的政策效能但尚未主动涉及"减排"概念。受气候变化谈判的影响和推动,我国于1994年公布的《中国21世纪议程》首次提出控制温室气体排放。不过,相关政策仍以通过节能改造提高能效为主题。

2. 低碳发展期(2003—2012年)

2003年我国正式提出科学发展观,低碳政策出台数量显著增多,绿色减排不仅被视为参与国际公约、进行有关贸易与环境谈判的议题,也成为我国经济社会发展的内在要求。2005年出台的《国务院关于落实科学发展观加强环境保护的决定》明确提出"参与气候变化谈判、努力控制温室气体排放"。2006年,《中华人民共和国国民经济和社会发展第十一个五年规划纲要》首次明确提出"单位国内生产总值能源消耗比'十五'期末降低20%左右"的减排目标。2007年,《中国应对气候变化国家方案》明确了应对气候变化的具体目标、基本原则、重点领域及其政策措施。此后,国家各部委纷纷制定和公布相关政策,政策出台数量迅速增加,低碳发展、低碳技术、低碳试点示范、绿色经济、绿色发展等概念不断见诸领导人的讲话以及政府文件中。

3. "双碳"约束期(2012年以后)

党的十八大以来,中国以更加积极的姿态应对气候变化问题,碳达峰、碳中和时间表的确立为绿色低碳政策设置了新的约束条件。2013年,我国首部针对适应气候变化的战略规划文件《国家适应气候变化战略》公布,《大气污染防治行动计划》《"十三五"控制温室气体排放工作方案》《单位国内生产总值二氧化碳排放降低目标责任考核评估办法》等一系列政策法规相继出台,我国绿色低碳制度和政策日益系统化。2015年,中国政府向联合国气候变化框架公约秘书处提交的《强化应对气候变化行动——中国国家自主贡献》明确提出到2030年的自主行动目标:2030年左右二氧化碳排放量达到峰值并争取尽早达峰。此后,碳达峰、碳中和逐渐成为中央及地方政府进行政策制定的关键词。

2.2.4 国外绿色建筑评价标准的制定

绿色建筑的评价标准是由规范和使绿色建筑概念落地应运而生的,从早期西方发达国家最先建立的绿色建筑评价标准来看,主要是通过绿色建筑中节能率、节水率、节能减排材料的使用等客观定量的指标指导建筑设计,引导绿色建筑发展。由于各地有不同因素,且相同因素在不同的地域资源、人文要求下差别很大,对绿色技术的应用也会随建筑类型的不同而不一样,因此,不同的国家和地区根据自己的实际情况因地制宜地制定绿色建筑评估标准。各国绿色建筑评价体系见表2-1。

各国绿色建筑评价体系 表2-1

国家	评价体系	实施年份/年	评价对象	评价内容
英国	BREEAM	1990	新建建筑、既有建筑	健康与舒适、能源、运输、水、土地使用、地区生态、污染情况、管理等
英国	CSH	2008	新建建筑	能源和二氧化碳排放、水、材料、地表水径流、废弃物、污染、健康和需求、管理、生态需求九个方面
德国	DGNB	2008	覆盖建筑行业整个产业链	生态质量、经济质量、建筑功能和社会综合质量、技术质量、过程质量、场地质量,其中场地质量单独评估
美国	LEED	1998	新建建筑、既有商业综合建筑	可持续的场地设计、有效利用水资源、能源与环境、材料与资源、室内环境质量、革新设计
日本	CASBEE	2002	新建建筑、既有建筑、短期使用建筑、改建翻新建筑	建筑环境性能与质量(室内环境、服务性能、室外环境)、建筑环境负荷(能源、资源材料、建筑用地外环境)

续表

国家	评价体系	实施年份/年	评价对象	评价内容
日本	《绿色建筑评价标准》	2019	新建建筑、既有建筑	节地与室外环境、节能与能源利用、节水与水资源利用、节材与材料资源、室内环境质量、施工与运营、提高与创新
中国	重庆市《低碳建筑评价标准》	2012	公共建筑、住宅建筑	低碳规划、低碳设计、低碳施工、低碳运营、低碳资源化五类
中国	《香港建筑环境评估标准》	1996	新建建筑、既有建筑	现场因素、材料因素、能源消耗、用水、室内环境质量、革新和加分

这一点不难理解，绿色建筑的一个基本理念就是适用于各自地区的区域地理、气候、经济等，英国的 BREEAM 是世界上最早成体系的绿色建筑评价规范，随后出现了众多绿色建筑评估体系，各个国家和地区地理、气候存在不同程度差异，并且文化观念不同，经济发达程度也各异，世界范围内绿色建筑评估体系、工具等已逾百个，总的来说，还是发达国家中的一些评估体系为人所熟悉。评估体系的多样化从另一方面也丰富了绿色建筑的概念。

2.2.5 中国绿色建筑评价标准的制定

绿色建筑在我国进入国家层面立项研究始于 2001 年，在此之后面世的两部影响力比较大的评价体系为《中国生态住宅技术评估手册》和《绿色奥运建筑评估体系》。住房和城乡建设部颁布《绿色建筑技术导则》和《绿色建筑评价标准》GB/T 50378—2006，这是我国首次以国家标准形式编制的该方面的文件，之前都是协会标准或是专题研究成果，2006 年，对应配套的《绿色建筑评价标识管理办法》颁布，我国绿色建筑国家化标准化评价工作由此即可进行。

我国发布《绿色建筑评价标准》GB/T 50378—2006 后，北京、上海、江苏等经济发达地区最先加大对绿色建筑的研究学习力度，并且联系省市自身发展实际情况，汇编当地标准，许多绿色建筑项目已进入绿色建筑标识申请。建立了许多专门研究和开发绿色建筑理论和建筑技术的专业委员会和地方分支机构。绿色节能示范社区和低碳减排社区如雨后春笋般出现。现在，地方性标准已经遍布全国，我国由于地域广阔，地理位置特征多变，气候划分多样，国家规范无法深入每一个细节，并且各地区的经济进步程度都是不一样的，这就会导致即使是在相同的气候条件下，两地区的绿色建筑标准也可能会有差异。因此，我国有多部地方标准，有些地区的节能要求甚至远远超过国家标准，有些地方则没有。

我国行业协会的影响力薄弱，大多数行业协会缺乏大规模的影响力。行业标准协会关于我国绿色住房建筑行业标准的研究引入以及推广应用时间可以追溯到很久以前，例如 2001 年，中华全国工商业联合会住宅产业商会等，参照了当时世界广大范围内各个发达国家对于建筑生态节能住宅的评估相关技术研究和建筑评估方法，提出了一套完整的评估手册，即《中国生态住宅技术评估手册》；2002年10月，中华人民共和国科学技术部正式批准了"绿色奥运建筑评估体系"重点工程建设试点项目，由科研机构和建筑行业技术协会共同合作组成的工程项目设计研究领导小组用了一年多的时间精力研究完成并撰写了《绿色奥运建筑评估体系》。但是，与国际上行业协会相比，我国分配给行业协会的工作和职责薄弱，行业协会的影响是有限的。

2.3 绿色低碳革命的宗旨与目标

2.3.1 "双碳"背景下对全球气候变暖的积极响应

自18世纪工业革命以来，人类社会发展对化石燃料（煤、石油和天然气等）的大量使用使二氧化碳等温室气体大量进入大气层，显著增加了大气中温室气体的浓度，冰川融化、气温回升、河流干涸等问题接踵而来。温室效应持续加强，严重破坏了大自然原有的生态平衡。由于碳排放导致的温室效应已然成为影响人类生存和发展的重大环境问题。

人类各项活动都伴随着大量二氧化碳的产生。由于自然生态环境无法"消化"这么大量的二氧化碳，自然生态平衡被打破，因此，控制碳排放一直是可持续发展领域的一个焦点问题，也是全球实现可持续发展目标的主要障碍之一。各国碳排放量，如图2-4所示。

为了实现这一目标，可以通过建设生态低碳城市、社区以及低碳绿色建筑的方式予以实现。要实现绿色低碳建筑，也要从内涵与发展目标上进行认知，在注重减少污染排放的基础上，实现碳排放减少，以此积极应对全球气候变暖问题。

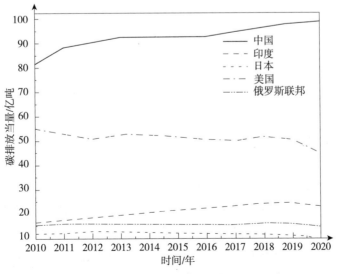

图2-4 各国碳排放量

2.3.2 对绿色低碳健康生活的追求

推行绿色低碳生活方式是建设生态文明、助力实现"双碳"目标的现实需要。中央全面深化改革委员会第二十七次会议中提出：要增强全民节约意识，推行简约适度、绿色低碳的生活方式，反对奢侈浪费和过度消费。

据统计，消费、居住和出行成为居民生活碳排放贡献的"大头"，降低由消费、居住和出行产生的二氧化碳量将是推进居民低碳生活转型的关键。具体体现在以下几个方面：

（1）低碳消费。不同消费水平和消费方式的碳足迹存在很大差异，公众通过低碳消费能够直接减少碳排放。

（2）低碳建筑和居住。未来，随着城镇化的进一步推进，我国居民生活质量和服务业发展水平都将继续提升，进而拉动建筑部门能源消费和二氧化碳排放持续增长，建筑部门也终将取代工业，成为全社会能源消费和碳排放增长的最主要来源。

（3）低碳出行。随着未来高铁的普及和新能源汽车保有量的快速增加，交通部门电力消耗量也将快速增长，由电力消耗带来的间接二氧化碳排放增长也不容忽视。因此，出行领域将是未来"双碳"目标作用的重点领域。

2.3.3 和谐共生，实现绿色低碳可持续发展

可持续发展战略的实施和可持续发展城市的建设，都要求我们要建立环境友好型城市，注重节能环保、能源利用，提高生态效益，造福全社会。具体到建筑行业，作为能耗较高的行业之一，我们要时刻践行可持续发展战略，积极推广绿色建筑，用绿色建筑设计技术和手段构建可持续发展的城市。

新的时代，要求建筑师探求和建立一种可持续发展的建筑观并在其指导下进行设计。建筑可持续发展的特性，一是表现在建筑与环境的协调问题上，着眼于既要满足当代人的需要，又能造福于后代的长远考虑。如节能、节水、节材、减噪、减少垃圾污染，保护生态环境，实现建筑与环境相协调的可持续发展。二是建筑设计还要注意建筑使用的长期特性，在使用周期中，建筑功能应有其可变性和对未来的适应性。

2.4 绿色低碳革命的内容

近年来，我国绿色低碳发展已经取得了显著成效，但与世界先进水平相比还有很大差距和巨大潜力。发展绿色低碳事业涉及各行各业，而城建行业因横跨钢铁、水泥、煤电等多个高碳产业，其碳排放总量已超过全国碳排放总量的一半，所以若想早日实现"双碳"目标，城市建设这一领域应率先发力。对于整个城市建设而言，社区空间作为城市系统的中观层面，它是整个城市系统的组织结构；而建筑则是社区结构中的组织细胞，也是城市

系统的微观层面。从微观到宏观，每个层面都要落实绿色、生态、低碳发展，这样才有助于实现城建行业的可持续发展。

2.4.1 宏观城市建设层面

与西方发达国家不同，我国的绿色低碳城市建设伴随着快速的工业化和城市化进程。因此，存在着新建城镇主动选择绿色低碳开发和传统城镇向绿色低碳城镇转型的两种模式。然而，在改革开放40余年的高速增长进程中，城市建设多局限于前一种模式，而对后一种模式则缺乏足够的重视。就目前而言，我国的理论与实践均处于起步阶段，已有的研究多从相关概念的理念视角展开，缺乏深化提升、系统和可实施层面的学术成果。

碳达峰和碳中和的战略目标提出以来，为新时期中国生态城市的发展指明了方向，即"双碳"发展成为践行绿色生态目标的基本战略，为生态城市建设提出了具体的节能减排目标。基于"双碳"目标的生态城市发展战略应贯彻可持续发展原则，建立具有针对性和实效性的实施途径，重点关注城市空间环境、绿色交通、低碳产业、能源循环利用、支撑技术体系等核心内容，建立从宏观到中微观的系统性实施框架，积极推进应对气候变化的低碳发展实践。建设生态城市发展战略是一项宏大的目标，具体概括为五个方面，即优化城市空间环境、构建绿色交通体系、推进低碳产业转型、促进能源循环利用、建立支撑保障体系。

2.4.2 中观社区空间层面

社区作为城市建设不可或缺的组成部分，它对生态城市建设有着至关重要的作用。近几年，绿色低碳社区成为城市建设的热门领域。绿色低碳社区强调以可持续观念来引导和改变社区居民的行为，以社区生态景观系统为依托，以低碳科技创新为支撑，最大限度地减少温室气体的排放，实现社区乃至整个城市的可持续发展。

1. 绿色低碳社区特征

绿色低碳社区具有资源能源节约、人居环境舒适、社会人文气氛良好、绿色文明意识高的特征，具体表现为以下几个方面：

（1）资源能源节约。面对全球性的气候变暖、能源紧张、资源稀缺等问题，绿色社区的建设和发展应该做到土地资源节约利用、水资源节约利用、建材资源节约利用、节约能源、减少温室气体排放。

（2）人居环境舒适。绿色社区要尽量做到资源能源节约，但又不能降低人们舒适健康的生活质量。

（3）社会人文气氛良好。社区不是单体建筑的集合。生活在同一社区的居民需要有良好的社区人文气氛。

（4）绿色文明意识高。绿色社区不同于普通社区，还在于其具有相对较高的绿色文明意识。

2. 探索绿色低碳社区更新

在大力推进绿色低碳社区更新建设的同时，积极探索绿色零碳社区更新，主要内容包括：

（1）更新目标。既要实现碳减排目标，提升社区环境友好程度以及居民生活质量满意度；还应探索城市与社区等不同尺度下的绿色更新机制及相互间影响，为自然资源、交通运输、建设管理等各部门设立有关更新工作的目标提供科学依据与理论参考。

（2）规划设计。提出适应不同资源环境禀赋及发展诉求的绿色低碳社区的建设思路与方法。如在太阳能、风能、地热资源丰富的地区，应重点考虑新能源开发与利用；在水资源匮乏的地区，有必要设计水资源循环供给系统等。

（3）技术方法。绿色低碳社区的具体建设中需要考虑九个方面：建造节能建筑、利用新能源、采用环保材料、优化社区结构、倡导绿色交通、倡导公众参与、加强水资源利用、实施垃圾分类回收利用、设立社区旧物交换站等。

2.4.3 微观建筑环境层面

建筑犹如社区网格中的细胞结构，建筑二氧化碳排放量几乎占据了城市整体碳排量的50%。所以降低建筑从设计到施工再到使用过程中的二氧化碳排放量是低碳事业发展尤为重要的一步。建筑碳排放分类，如图2-5所示。建筑设计的降耗过程是通过空间组织、体量设计、绿化设计、构造及围护结构设计、采光设计、日照控制、通风组织等一系列适宜技术形成综合的低碳效应，使建筑形成良性的微气候自循环系统，以最经济的措施实现节能降耗的最大化。

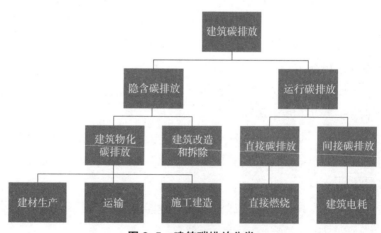

图2-5 建筑碳排放分类

综合中央政府建筑的用能情况，设定促进建筑节能方面的目标，围绕目标确立"源头控制、节能评审、存量优化、节能改造和强化管理"的基本思路，包括节能设计评审、节能改造管理等。节能改造管理包括推广使用节能灯、更换饮用水设备、空调系统节能改造、信息中心节能改造、锅炉采暖系统节能改造等。目前我国的绿色建筑评价标识制度采取国标与地方标准相结合的办法，具有中央地方联动、评价流程统一和具备监督检查机制等特征，对中国绿色建筑评价标识监管机制提出了一些新的探索，包括绿色建筑施工图审查制度设计的两种方案，绿色建筑审查的主要针对对象和主要内容，以及绿色建筑标识仍分为"设计标识"和"运行标识"两个阶段，采取自愿申报原则等。

2.4.4 组织管理与国际合作层面

进入 21 世纪后，全球气候变暖日趋明显，为提高应对气候变化的能力，实现可持续的绿色发展逐渐成为国际发展共识。2015 年第 21 届联合国气候变化大会上通过的《巴黎协定》，是继 1992 年《联合国气候变化框架公约》、1997 年《京都议定书》之后，人类历史上应对气候变化的第三个里程碑式的国际法律文本。同年，联合国可持续发展峰会通过《2030 可持续发展议程》，其中包括 17 项目标、169 项具体指标，开启了可持续发展的新时代。2016 年在厄瓜多尔召开的第三次联合国住房和城市可持续发展大会（"人居三"），通过了《新城市议程》，联合国成员国一致认为，当今全球面临着共同的挑战（如气候变化、社会分化、快速城镇化等），推动城市转型是城市可持续发展成功的关键。2019 年 5 月，德国海德堡全球气候行动大会（ICCA），代表世界各个城市、地区和国家的领导人与专家和民间组织代表合作，共同积极为气候保护和气候调节寻找建设性解决方案。2019 年 6 月，2019 年联合国气候变化大会第 25 次缔约方会议主席提出，应当将承诺的应对气候变化目标付诸实施，希望各行各业能够引领创新，在谈判到行动的转变中迅速取得进展。

全球发展正处于深刻的调整期，在世界经济复苏动力不足、国际金融危机影响犹存的情况下，无论是我国还是其他国家，都在拓展新的发展空间，寻找新的增长动力。所以，我们需要认清未来发展形势，努力推进绿色低碳革命的进程。

第 3 章 绿色建筑与设备

3.1 绿色建筑

随着社会经济的快速发展，人们越来越关注居住环境质量的改善。但是，伴随着环境破坏、资源短缺等一系列危及人类的问题，人们越来越多地意识到建筑节能的必要性。《2022 中国建筑能耗与碳排放研究报告》数据显示，"十一五"至"十三五"期间，全国建筑全过程碳排放总量保持上升趋势，如图 3-1 所示。其中，仅 2020 年，全国建筑全过程碳排放总量就高达 50.8 亿吨，占全国碳排放的 50.9%。而在 2021 年，这一数值仍占据高位。建筑行业能否实现碳达峰、碳中和，对我国"双碳"目标的实现至关重要。因此，在气候变暖和资源短缺的严峻形势下，建设环境友好型的节能建筑已成为资源环境可持续发展和实现我国碳排放目标的必然趋势，而绿色建筑就是节能建筑的具体构建方式。绿色建筑改变了传统的高投入、高污染、高消耗和低效率的建筑模式，最大限度实现了资源节约和环境保护，为人们提供健康、适用和高效的空间，实现人、建筑和环境的相互协调、可持续发展。

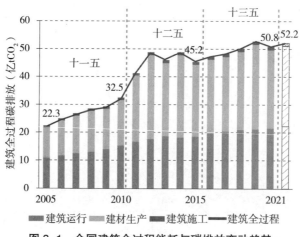

图 3-1 全国建筑全过程能耗与碳排放变动趋势

经过 20 多年的高速发展，我国的绿色建筑已经由无到有，数量逐年递增，从个别城市走向全国，从单体向城区、再向城市规模化发展。目前，直辖市、省会城市和计划单列市保障性安居工程已全面执行绿色建筑标准。"十四五"规划指导思想对我国绿色建筑的建设与推广提出了新要求：到2025年，城镇新建建筑全面建成绿色建筑，不断提高建筑能源利用效率，逐步优化建筑能耗结构，建筑能耗和二氧化碳排放增长趋势得到有效控制，基本实现绿色、低碳循环建设发展模式。

3.1.1 绿色建筑的概念

《绿色建筑评价标准》GB/T 50378—2019中定义：绿色建筑是指在建筑物规划设计、施工、运行及拆除的全寿命期内，节约资源（节能、节水、节材、节地）、保护环境和减少污染，为人们提供健康、适用和高效的使用空间，最大限度地实现人与自然环境和谐共生的高质量建筑。绿色建筑也被称为生态建筑、可持续建筑。"绿色建筑"中的"绿色"并非通俗所说的立体绿化、屋顶花园，而是一种概念或象征，指建筑对环境没有危害，可以最大限度地利用环境的资源，同时也可以在不损害生态基本生态平衡的前提下，实现可持续发展、生态化、回归自然、节能环保。绿色建筑会对内部布局进行合理规划，尽量最小化合成材料的使用，最大化利用日光，节约能源，营造出接近自然的感觉与氛围。

3.1.2 绿色建筑的产生与发展

20世纪中期以来，建筑业作为世界上三大能源消耗产业之一，在地球环保政策中扮演着重要角色。随着全球资源环境危机的加剧，绿色运动兴起，这直接影响和推动了绿色建筑思想观念的萌生，促使社会掀起了建筑节能设计的热潮。随着"可持续发展"的口号被世界自然保护组织首次提出，同时节能建筑体系逐渐完善，开始在德、英、法、加拿大等发达国家推广与应用。为了使绿色建筑这一概念具备切实的可操作性，发达国家相继探索并推出适应其国情特色的绿色建筑评价体系，对建筑的性能和环境指标进行综合评估，提供科学的事实及理论依据，推动绿色建筑深入发展。

回首我国，在20世纪90年代的国际能源危机以后，绿色建筑这一新颖的设计概念被引入，中国也开始建立自己的建筑节能体系。

20世纪90年代初，中国政府为大力推动我国绿色建筑发展，相继颁布了若干相关纲要、导则和法规。1996年，《中华人民共和国人类住区发展报告》发布，为进一步改善居住环境质量提出了更高的要求和相应的保障措施。

进入21世纪，中国开始了关于全生命周期的绿色建筑的推进。2004年9月，建设部"全国绿色建筑创新奖"正式启动，标志着我国绿色建筑进入了全面发展阶段。2006年，建设部与质检总局联合颁布了《绿色建筑评价标准》，如图3-2所示。科技部、建设部于同年签署了"绿色建筑科技行动"合作协议，为绿色建筑技术发展和科技成果产业打下了坚实的基础。2007年8月，建设部出台了《绿色建筑评价技术细则（试行）》和《绿色建筑评价标识管理办法（试行）》，逐步完善符合我国国情的绿色建筑评价体系。

2009—2017年，为绿色建筑快速发展期。2009年8月，我国政府发布了《关于积极应对气候变化的决议》，提出要立足国情来发展绿色经济、低碳经济。2009年11月，为迎接哥本哈根气候变化会议，我国政府决定，到2020年单位国内生产总值二氧化碳排放将比2005年下降40%~45%，作为约束性指标纳入国民经济和社会发展中长期规划，并制定相应的国内统计、监测、考核办法。2012年5月，财政部、住房和城乡建设部发布《关于加快推动我国绿色建筑发展的实施意见》。2013年1月，国务院发布《国务院办公厅关于转发发展改革委、住房城乡建设部绿色建筑行动方案的通知》，对绿色建筑的实施和推广提出新要求；同年8月，《绿色工业建筑评价标准》发布。2017年，住房和城乡建设部发布《建筑节能与绿色建筑发展"十三五"规划》，旨在建设节能低碳、绿色生态、集约高效的建筑用能体系。

图3-2 《绿色建筑评价标准》
GB/T 50378—2006

2019年至今，为绿色建筑转型提升期。2019年1月，《近零能耗建筑技术标准》发布；同年3月，《绿色建筑评价标准》[①] 发布；同年4月，《建筑碳排放计算标准》发布。2020年9月，中国明确提出2030年"碳达峰"与2060年"碳中和"目标。2021年10月，国务院印发《2030年前碳达峰行动方案》，方案提出加快提升建筑能效水平，到2025年，城镇新建建筑全面执行绿色建筑标准。2022年3月，住房和城乡建设部发布《"十四五"建筑节能与绿色建筑发展规划》，规划明确到2025年，城镇新建建筑全面建成绿色建筑，建筑能源利用效率稳步提升，建筑用能结构逐步优化，建筑能耗和碳排放增长趋势得到有效控制，基本形成绿色、低碳、循环的建设发展方式，为城乡建设领域2030年前碳达峰奠定坚实基础。

随着国家和住房城乡建设部对建筑研究项目的支持，相关技术取得突破，绿色建筑的技术路径得到改善，绿色建筑材料和产品性能也得到提升。绿色建筑与各种新技术融合，运用物联网、云计算、大数据等技术，提高了节能、节水、节材的效果，有效降低了温室气体排放。可再生能源利用、外遮阳、雨水集蓄利用、市政中水等绿色技术在部分地区已逐步被推广应用，许多成本低、地域适应性好、技术体系成熟的绿色建筑技术逐渐被国内市场接受。

纵观我国绿色建筑发展历程，是实现从无到有，由少到多，从部分城市到全国的全面发展。这也正是因为我国绿色建筑是随着我国城镇化的步伐，对应人民生活水平大幅的提升，对于建筑节能的要求越来越高的情况而逐步发展的。当前，我国正处于绿色建筑的快速发展时期，将可持续发展理念植入城乡建设中，对于转变城乡建设模式和我国建筑行业发展方向也具有重要意义。与此同时，随着绿色建筑的不断推广，未来的建筑行业将摆

---

① 目前，国家现行版本《绿色建筑评价标准》（GB/T 50378—2019）。

脱受制于资源、环境的境地,真正实现可持续发展,达到人、建筑、环境、生态的互相促进、互相协调。

3.1.3 绿色建筑的特点

与传统建筑相比,绿色建筑优势显著,其主要具有以下特点:
(1) 低能耗,节约能源。
(2) 低污染,保护环境。
(3) 空间环境舒适。
(4) 地域性。

这些不同的特点源自绿色建筑与传统建筑在不同影响类别中的对比,如表3-1所示。传统建筑和绿色建筑从外观上有时看起来很相似,但就绿色建筑所使用的技术类型和所带来的优势而言,它们却截然不同。绿色建筑的主要设计目标涉及减少能源和资源的消耗、降低污染、增加舒适度和地域性,而传统建筑的设计初衷通常不是从能源、资源、材料和室内环境等环境效率的角度来考虑的。

绿色建筑与传统建筑对比详解　　　　　　　　　　　　　　　　表3-1

类别	绿色建筑	传统建筑
资源影响	可通过合理的规划设计来善用自然资源,将整个建筑的能耗降低70%~80%	能源消耗巨大
污染影响	强调在建筑全寿命期内,乃至再利用的过程中对环境的负责,最大限度地降低环境污染	在建筑物规划设计、施工、运行及拆除的全寿命期内,往往会忽视其对周围环境的破坏与影响
舒适度	结构布局合理,通过自然采光的引用和自然通风系统的布置,使内部有效连通,调节温度变化,创造健康舒适的居住环境	室内环境常为封闭式,往往不利于健康
地域性	具有地域性特征,与当地的传统文化观念、经济状况、自然和气候条件等相互协调,成为社区中不可分离的部分	在建筑过程中采用标准化、产业化的商业化生产技术,建筑风貌大同小异

3.1.4 绿色建筑杰出案例与优势分析

1. 英国诺丁汉大学朱比丽分校

英国诺丁汉大学朱比丽分校通过13万平方米的线形人工湖作为有机的缓冲体,协调建筑小环境的质量与大环境的关系,并将新建筑与郊区住宅连接起来,成为整个城市的"绿肺"之一。同时,尽可能地避免人工化,力求营造出一种人为的自然平衡,其主体建筑与线形人工湖实景图,如图3-3所示。

该校园设计涵盖空间组织生态设计手段、被动式红外线移动探测器和日照传感器、热回收低压机械式自然通风等多种建筑技术手段。通过建筑朝向和机械通风装置再融合湖面这一环境资源,达到夏季主导风经湖面自然冷却,冬季住宅区树林为有效挡风屏障的设计目的,保证了建筑主体冬暖夏凉的内、外部环境。被动式红外线移动探测器和日照传感器

图 3-3 英国诺丁汉大学朱比丽分校主体建筑与线形人工湖实景图

的使用可有效切换人工照明与自然采光,节省大量用于人工照明的能源。热回收低压机械式自然通风是以充分利用自然通风为基础的辅助机械通风装置,可以提供更多的有效自然通风。该校园在投入使用后,校方声称达到了60%的节能效果,是一次对新的建筑形态与环境的大胆探索,节能优势显著。

2. 北京国奥村

北京国奥村被誉为"全世界运动员的绿色家园",集成应用了数十项较为前沿的科研技术,曾获得中国"城市建设节能减排典范"奖杯和"美国绿色建筑协会"LEED金奖,其俯瞰实景图,如图3-4所示。联合国环境规划署在《北京2008奥运会环境审查报告》中写道:"北京奥运村完全履行了申奥承诺,设计出了以人为本、健康、舒适和节能的居住环境。"

图 3-4 北京国奥村俯瞰实景图

北京国奥村的优势主要体现在采用了再生水源热泵系统和太阳能生活热水系统等国际高新技术。再生水源热泵系统可将热泵技术与城市污水处理相结合,充分利用再生水的温度进行热交换从而代替冷却塔和室外机,比普通分体空调节电40%以上,没有噪声、烟气排放的污染,极大改善了夏季大型建筑群的室外热环境,有助于消除热岛效应。除此之外，6000平方米的太阳能集热器，水平安装并与建筑造型完美结合。在奥运会期间为数万名运动员提供洗浴热水，奥运会后，供应全区近2000户居民全年的生活热水需求。通过此系统，北京国奥村年节约超500万度电力、年减排二氧化碳超5000吨。

3. 中国杭州低碳科技馆

中国杭州低碳科技馆的设计和建设依照"国家绿色建筑三星级"标准进行，是我国具有代表性的低碳绿色建筑之一，其概念图，如图3-5所示。它的构建结合了建筑外遮阳结构、地下水源热泵技术、光导管自然采光系统和太阳能光伏建筑一体化技术等多项技术体系。建筑外遮阳结构使采光与遮阳、散热与隔热得到平衡，顶装的太阳能光伏板遮阳构件还能供给办公区域的照明。地下水源热泵技术则利用地下水资源保持建筑物恒温，大幅提高了制冷机组效率，节省能源消耗。光导管自然采光系统使用自然光为照明光源，代替了白天的电力照明，降低照明用电能耗。通过这一系列合理规划与设计，杭州低碳科技馆从源头降低了能耗。它的可再生能源利用率达到1.61%，可再循环材料用量达到12%，非传统水源利用率达到67.9%，建筑整体节能率达到64%。

图3-5 中国杭州低碳科技馆概念图

杭州低碳科技馆还通过建筑隔声技术、自然通风设计和透水地面铺设，结合综合化的绿化设计，以本地乡土植物为主造景，营造出自然舒适的建筑内、外部环境。科技馆中还配备雨水中水再利用系统，将收集到的屋顶雨水、道路雨水、绿地内雨水和生活废水进行处理再利用，其中道路雨水和绿地内雨水被主要用于补充地下水源，以保证整个建筑所在地的生态结构可持续发展，充分体现绿色建筑所带来的环境优势。

4. 郑州市节能环保产业孵化中心绿色建筑示范楼

郑州市节能环保产业孵化中心绿色建筑示范楼又称"双零楼"，源自其"能源零消耗、污水零排放"的设计理念，是一座集节能、环保、生态和多种可再生能源技术利用为一体的绿色建筑示范楼，其实景图，如图3-6所示。

图 3-6　郑州市节能环保产业孵化中心绿色建筑示范楼实景图

郑州市节能环保产业孵化中心绿色建筑示范楼运用全新理念化的太阳能、风能、生物质能、地热能等多项可再生能源先进技术与建筑为一体，实现了常规能源"零"消耗、污水"零"排放的"小循环"，使得该项目成为"双零楼"。"双零楼"建筑面积不大，采用了"前3后5"的回廊式结构，通过楼顶的太阳能电池板与风力发电机，实现大楼内部供电。结合生活废水生产沼气，地下恒温水热交换，自然通风、采光、保暖隔热节能，光导纤维照明节能和自动化控制节能等节能措施，在大楼内部基本实现了能耗的自给自足。"双零楼"有自己的污水处理设施，生活污水可被处理为中水以用来浇花、喷泉、冲厕所，并灌进中水墙实现中水回用，达到污水零排放。虽然综合造价比普通商用楼高一倍，但水、电、气等能源消耗量减少近90%，近乎完美地实现"双零楼"的目标。

5. 一汽—大众汽车有限公司佛山工厂

一汽—大众汽车有限公司佛山工厂于2013年3月通过我国"绿色工业建筑"三星认证评审，成为我国首个获得三星级标识的交通运输设备制造行业项目。该工程项目通过采用绿色建材、被动及主动节能技术、可再生能源利用、废水回用等技术措施，实现生产高效化，充分展示了绿色工业建筑的概念。其实景图，如图3-7所示。

图 3-7　一汽—大众汽车有限公司佛山工厂实景图

一汽—大众汽车有限公司佛山工厂采取天窗采光、高效照明系统、工艺余热利用、排风余热利用、太阳能光热、太阳能光伏、环保冷媒和工位送风及分层空调等数项被动及主动节能技术，并积极采用可再生能源，最大限度地降低建筑能耗。

为了减少污染，该项目采用可再循环材料、高性能材料、绿色墙体保温隔热建材、屋面保温隔热建材和源自施工区域的本地建材，保证厂区的材料资源充分利用，使建筑本体符合建筑节能节材的要求。

厂区内设中水处理站，对生产、生活污废水进行处理，再用于工艺用水和杂用水。中水系统设计出的水的 pH 值为 6.5~8.5，能满足生产过程及各种生活污水的水质要求。厂区绿化和冲厕采用再生水，使非常规水源的利用率达到 19%。此项目通过对建筑物总体水资源利用规划的优化，建立污水回用系统，增加工业用水的循环利用率，提高水资源利用率，减少用水量。

3.2 绿色建筑设备

3.2.1 绿色建筑设备的概念

为了满足生产上的需要，以及提供卫生、舒适、方便和安全的生活和工作环境，要求在建筑物内设置完善的给排水、暖通、消防、电气、传输及节能等设备系统，这些设备系统的总称是建筑设备。建筑设备是现代化建筑的重要组成部分，其设置的完善程度和技术水平，已成为社会生产、房屋建筑和物质生活水平的重要标志，部分建筑设备单体实景图，如图 3-8 所示。

图 3-8　部分建筑设备单体实景图

绿色建筑设备是指在建筑全生命周期内，具备绿色性能（建筑安全耐久、健康舒适、生活便利、资源节约和环境宜居等方面的综合性能）的建筑设备（系统），是绿色建筑的重要组成部分。

3.2.2 绿色建筑与绿色建筑设备的关系

1. 绿色建筑与绿色建筑设备是相互协调的关系

绿色建筑与绿色建筑设备在使用功能和配置方面，彼此相互影响，建筑设备是为使用功能服务的，同时建筑设备对建筑也会提出许多要求。一个建筑从规划设计到施工，必须综合地、协调地进行，以求使建筑物达到适用、经济、卫生、舒适、安全和环保的要求，使其功能完善和协调一致。建筑物与建筑设备同属一个大的产业链，相互依托，关系密切。绿色建筑设备评价是支撑绿色建筑各项功能目标实现的重要途径。建筑设备技术的发展促进了建筑的发展，新材料、新技术的应用以及建筑的发展也促进了建筑设备的发展。

2. 绿色建筑设备是绿色建筑系统一体化中的重要组成系统

绿色建筑设备之于绿色建筑并不是简单局部性的单项设备技术效能的优化或堆积，而应考虑建筑设备系统整体性能有没有达到最优的配比或者发挥出最优的性能。绿色建筑设备是绿色建筑系统一体化中的重要组成系统，应将其放回到真实建筑场景中作为一种系统性对象考察其与绿色建筑主体的关系，并服务于绿色建筑的整体建筑性能的优化。

3.2.3 绿色建筑设备及设计的主要优化方向

1. 合适、合理地降低设计参数

在满足人类的舒适、健康为前提的情况下，适当合理地降低设计参数有利于降低建筑设备的总体能耗。例如，空调的设计参数，夏季空调温度可适当提高一点、冬季的供暖温度可适当低一点。但这个前提需要满足规范限值、建筑功能定位、地域环境、成本控制、地方习性等不尽相同的条件诉求下进行系统化设计，才能真正达到合适、合理的设计要求。

2. 建筑设备规模要合理

建筑设备系统功率大小的选择应适当。如果功率选择过大，设备常处于部分负荷而非满负荷运行，导致设备工作效率低下或闲置，造成浪费。如果功率选择过小，达不到满意的舒适度，势必要改造、改建，也是一种浪费。建筑物的供冷范围和外界热扰量基本是固定的，出现变化的主要是人员热扰和设备热扰，因此选择空调系统时主要考虑这些因素。同时，还应考虑随着社会经济的发展，新设备不断涌现，应注意在使用周期内所留容量能够满足发展的需求。

3. 建筑设备设计应综合考虑

建筑设备之间的热量有时起到节能作用，但是有时候则是冷热抵消。如夏季照明设备所散发的能量将直接转化为房间热扰，消耗更多冷量。而冬天的照明设备所散发的热量将增加室内温度，减少供热量。所以，在满足合理的照度下，宜采用光通量高的节能灯，并能达到冬夏季节能要求的照明灯具。

4. 建筑能源管理系统自动化

建筑能源管理系统自动化是建立在建筑自动化系统的平台之上，以节能和能源的有效利用为目标来控制建筑设备的运行。它针对现代楼宇能源管理的需要，通过现场总线把大楼中的功率因数、温度、流量等能耗数据采集到上位管理系统，将全楼的水、电力、燃料等的用量由计算机集中处理，实现动态显示、报表生成，并根据这些数据实现系统的优化管理，最大限度地提高能源的利用效率。某能源在线监测管理系统能耗管理云平台如图3-9所示。

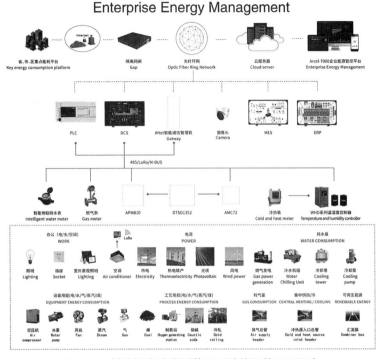

图 3-9 某能源在线监测管理系统能耗管理云平台

5. 新技术、新能源绿色建筑设备的选择

新技术、新能源的概念是以特定时间点为基准的一种表述,随着时间的推移,新一代的技术和能源也会不停地进行迭代。下面通过介绍部分当下的新技术、新能源的绿色建筑设备系统供大家参考,但应根据当地资源情况,充分考虑节能、环保、合理等因素,通过经济技术性分析后确定。

(1)住宅通风技术系统(适用面广泛)

目前使用较广泛的一种新兴通风技术系统是"外墙进风设备+卫生间出风口+屋顶排风扇"的通风系统。在过滤空气、降低噪声的同时,科学合理地保证了室内通风量,排出卫生间潮湿污浊空气,噪声干扰小。

工作原理及作用:取自高空的新鲜空气,经过滤、除尘、灭菌、加热/降温、加湿/除湿等处理过程,以 0.3m/s 的低速从房间底部送风口不间断送出,低于室温两度的新风在地面形成新风潮,层层叠加,缓缓上升,带走室内污浊气体,最后,经由排气孔排出。"房屋呼吸"系统能够有效调节室内空气湿度,使居室时刻保持干爽、舒适的状态,对夏季潮湿的空气有很强的除湿作用。不用开窗即可获得新鲜空气,减少室内热损失,节省能源,并有效驱除室内装饰造成的可能长时间存在的有害气体。

(2)小区智能化系统(适用技术型管理)

小区智能化系统的"一、二、三"具体为:

一个平台：小区智能化系统集成管理网络平台；

二个基础：控制网络和信息网络；

三个分支：安全防范系统、设备管理系统和信息管理系统。

住宅小区智能化系统以先进、有发展、有后援、能满足并适应住户需求的技术，并应用成熟可靠，具有易集成、扩展、操作、维修的产品，同时尽可能降低系统整体造价的原则，通过计算机网络等相关技术，实现各子系统的设备、功能和信息的管理集成，使其成为一个互相关联、统一和协调的系统，系统资源达到充分共享，以减少资源的浪费和硬件设备的重复投入，实现真正意义的方便、安全、实用、可靠。

（3）天棚采暖制冷系统（适用新建建筑）

应用天棚采暖制冷系统，将高性能工程塑料管铺设在混凝土楼板内，冬天采暖进水水温33℃，回水30℃，夏天制冷进水18℃，回水温度21℃，通过冷热水的控温，夏天制冷，冬天采暖，室内温度恒定在20~26℃。

天棚采暖制冷系统的实现需以建筑节能优化设计为前提。优质的建筑外维护系统，高热工性能围护结构，高效外墙保温体系的建立，可以形成建筑的天然防护外罩，为构建恒温恒湿且节能的室内环境提供基本保证和前提。它不是单纯依靠盘管的辐射或是对流来实现温度的调节，而是配合建筑上的高效节能材料及措施来共同实现一年四季的恒温恒湿效果，是一种高舒适度的住宅环境的营造，使室内自由温度最大限度地接近室内舒适温度范围，即在一定的气候条件下，没有其他特殊设备的采暖和制冷的情况下，室内温度不至于过多偏离人体舒适温度，从而达到降低室内热冷负荷的目的，形成低能耗建筑，最大限度地接近自然通风和采暖情况。

（4）建筑机器人与3D打印设备（适用智慧型、装配式建筑）

目前已形成新型建筑设备和传统机械升级两大创新发展趋势，新型建筑设备重点围绕建筑机器人和3D打印设备两大前沿方向，建筑机器人包括工业化智能制造机器人、建造现场专用机器人等（如图3-10所示）；3D打印设备包括混凝土3D打印设备、钢结构3D打印设备等。

3.2.4　绿色建筑设施设备分类体系

《绿色建筑评价标准》GB/T 50378—2019中关于绿色建筑评价指标体系所涉及设施设备方面的要求，梳理出相应的绿色建筑设施设备分类系统（见表3-2）。主要包括：资源节约、安全耐久、健康舒适、绿色建筑排放和环境宜居五个类别，与绿色建筑评价标准形成对应关系。

3.2.5　绿色建筑设备循环再利用的要求

绿色建筑设备不仅要求产品自身具有满意的环保性，应是建筑全生命周期环境负荷低的产品，而且要求设备生产企业的质量管理体系、环境管理体系和职业健康安全管理体系应健全。

第3章 绿色建筑与设备

图 3-10 目前市场上的各种建筑机器人

绿色建筑设施设备分类系统　　　　　　　　　　　　　　表 3-2

序号	类别	系统	设备子系统
1	资源节约	能源供给系统	燃气冷热电三联供
2			余热利用系统
3		可再生能源系统	太阳能供暖系统
4			太阳能生活热水系统
5			太阳能光伏发电系统
6		风力发电系统	风力发电系统
7		生物质能应用系统	秸秆气化系统
8			沼气应用系统
9		浅层地能热泵系统	地源热泵系统
10		污水废水热泵系统	污水提升设备
11	安全耐久	墙体系统	外墙外保温系统
12			外墙内保温系统

37

续表

序号	类别	系统	设备子系统
13	安全耐久	墙体系统	外墙夹芯保温系统
14	安全耐久	门窗系统	高性能外门窗系统
15	安全耐久	屋面系统	架空通风屋面系统
16	安全耐久	屋面系统	倒置式屋面系统
17	安全耐久	屋面系统	架空保温隔热复合屋面系统
18	安全耐久	屋面系统	冷屋面系统
19	安全耐久	遮阳系统	室内遮阳制品
20	安全耐久	遮阳系统	室外遮阳制品
21	安全耐久	遮阳系统	中间遮阳制品
22	安全耐久	楼地面系统	浮筑式楼面系统
23	安全耐久	楼地面系统	架空楼面系统
24	安全耐久	楼地面系统	相变储热地面系统
25	健康舒适	供暖制冷系统	室内供暖设备
26	健康舒适	供暖制冷系统	集中供暖系统热计量与室温调控设备
27	健康舒适	供暖制冷系统	空调系统
28	健康舒适	供暖制冷系统	管道保温隔热系统
29	健康舒适	配电照明系统	箱式变压器供配电系统
30	健康舒适	配电照明系统	节能光源灯具系统
31	健康舒适	配电照明系统	智能照明控制系统
32	健康舒适	运行管理系统	环境监控系统
33	健康舒适	运行管理系统	设备控制系统
34	健康舒适	运行管理系统	噪声控制系统
35	健康舒适	运行管理系统	热量回收系统
36	健康舒适	运行管理系统	采暖分户计量系统
37	健康舒适	运行管理系统	分时节电系统
38	绿色建筑排放	优化给排水系统	特殊排水系统
39	绿色建筑排放	优化给排水系统	用水计量监测系统
40	绿色建筑排放	优化给排水系统	高效用水器具
41	绿色建筑排放	优化给排水系统	冷却水系统
42	绿色建筑排放	优化给排水系统	循环水处理系统
43	绿色建筑排放	再生水利用系统	建筑中水处理设施
44	绿色建筑排放	再生水利用系统	雨水回用系统
45	绿色建筑排放	再生水利用系统	公用污水处理系统
46	绿色建筑排放	垃圾处理系统	垃圾处理系统

续表

序号	类别	系统	设备子系统
47	环境宜居	绿化景观用水系统	透水材料应用系统
48			地下水涵养系统
49			水体生态净化系统
50			绿化景观用水控制系统
51			智能程控微喷灌系统
52			江河水处理循环应用系统
53			湿地水环境保护系统

1. 绿色建筑设备应满足达到使用年限后可拆解、材料可分类回收、可再次利用的要求

生产企业在设计生产设备过程中，应充分考虑到设备废弃后的回收利用，在不影响设备性能的前提下，使得设备具有易于拆卸，易于被回收利用的条件。

2. 设备生产企业有完善的售后服务机制，建立相应的设备追溯制度

对设备主要配件的使用寿命及性能有相关的记录和相关说明，引导设备的回收和循环利用，降低相关污染物及废弃物的排放。建立以旧换新的机制回收利用，提供产品回收和再生利用的相关信息，能够保证消费者知道设备废弃后采用正确的处理方法和途径。

3. 设备生产企业有完善的回收机制

对不可再利用废品实行安全废弃，废弃物易于降解或销毁，不产生二次污染，回收处置方案应在产品说明中有所表述。

4. 设备生产企业建立设备再利用机制

开展设备再制造，与其他相关企业建立合作，构成产业循环经济链。设备服役期后回收的金属等材料，部分构件仍具有较大的使用性能，可权衡其在再制造的成本，或降低型号用于相应较低要求的设备或配件，降低原始材料的加工成本，推动行业的清洁生产，创建利于行业循环经济发展的模式。

3.2.6 绿色建筑设备应用

1. 可再生冷热源系统应用

当前，我国可再生冷热源系统在民用建筑上的开发与推广主要表现在太阳能、地热能、风能、水能、空气能等新能源方面。未来，这些可再生能源将逐步代替不可再生能源（图3-11）。

（1）太阳能与地热能

在我国碳达峰碳中和的目标要求下，建筑领域如果要实现"早达峰"，需要提质增效的同时，高比例应用可再生能源。从可再生能源技术解决建筑用能需求来讲，太阳能光热、浅层地热能技术用于供暖、制热水，节能的同时带来降碳效果，如表3-3所示；而太阳能光伏发电则可作为降碳技术，直接抵消建筑领域直接排放量。

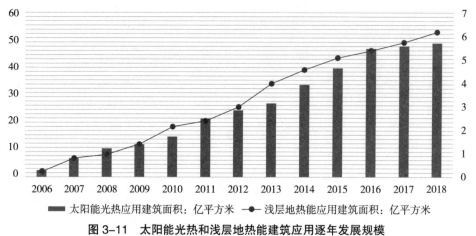

图 3-11　太阳能光热和浅层地热能建筑应用逐年发展规模

可再生能源建筑应用中长期发展规划目标规模下的节能量（万吨标煤）　　表 3-3

技术类型年度	太阳能光热	浅层地热能
2025	3475.68	1092
2030	4443.61	1332
2035	5471.7	1572
2050	9331.5	2292

规范要求：公共建筑设置太阳能热利用系统时，太阳能保证率应符合表 3-4 的规定。

太阳能保证率（%）　　表 3-4

太阳能资源区划	太阳能热水系统	太阳能供暖系统	太阳能空气调节系统
Ⅰ资源丰富区	≥60	≥50	≥45
Ⅱ资源较富区	≥50	≥35	≥30
Ⅲ资源一般区	≥40	≥30	≥25
Ⅳ资源贫乏区	≥30	≥25	≥20

节能建筑中的太阳能制冷系统是基于太阳能转化为电能的技术、光能转化为热能的技术以及吸收式制冷技术来实现的。此系统能够有效减少电能消耗量，具有良好的制冷效果，且运行和维护成本较低。主要有吸收式、吸附式、冷管式、除湿式、喷射式和光伏等制冷类型。太阳能转化技术在建筑上的应用，如图 3-12 所示。

1）太阳能光热——供暖集热系统

太阳能光热供暖集热系统主要靠太阳能集热设备来收集和存储太阳能，并借助循环水泵有效实现热水的循环利用，进而满足节能建筑的采暖和供暖需求。因此，设计人员在设计节能建筑顶部结构时，需要科学安装太阳能集热设备和储热设备，以便将收集到的太阳

图 3-12 太阳能转化技术在建筑上的应用

能顺利传输到系统末端设备,进而将太阳能转化为辅助性热源,以供节能建筑采暖和热水输送使用。此外,热水供暖集热系统类型多样,且运行过程复杂、成本较高,所以设计人员在具体的建筑设计工作中,需要根据实际情况来选择合适的热水供暖集热系统,并且充分发挥其使用价值。

2)浅层地热能——地源热泵系统

与太阳能相比,地热能更加稳定,但在建筑节能与建筑设计中,设计人员一般不会直接使用地热能,而是结合建筑内部结构的实际情况将其转化为热能和电能后,再加以利用。地热能可在一定程度上代替传统的不可再生能源,有效避免能源消耗对自然环境造成破坏,从而营造人与自然和谐相处的良好局面。浅层地热能是指地表以下一定深度范围内,一般为恒温带至 200 米埋深(指距地表最浅年温度变化小于 0.1℃ 的地带),温度低于 25℃,蕴藏于土壤砂石和地下水中的低温热能,主要用于建筑物供暖制冷。根据中国地质调查局有关资料显示,中国 336 个地级以上城市浅层地热能资源年可开采量折合标准煤 7 亿吨,可实现建筑物供暖制冷面积 320 亿平方米,地处中东部的北京、天津、河北、山东、河南、辽宁、上海、湖北、湖南、江苏、浙江、江西、安徽 13 个省(市)共 143 个地级以上城市,是最适宜开发利用浅层地热能的地区。上述地区浅层地热能资源年可开采量折合标准煤 4.6 亿吨,可实现建筑物供暖制冷面积 210 亿平方米。浅层地热能作为可再生能源通过热泵技术供冷供热替代常规能源消耗量,根据实际运行项目的能效检测报告数据,地源热泵的单位面积年节能能力约为 $12kgce/(m^2·a)$,浅层地热能建筑应用中长期规划目标预测值,见表 3-5。三种采暖方式一体化应用示意图,如图 3-13 所示。

浅层地热能建筑应用中长期规划目标预测值　　　表 3-5

应用形式	2025 年	2030 年	2035 年	2050 年
浅层地热能建筑应用	9.1 亿平方米	11.1 亿平方米	13.1 亿平方米	19.1 亿平方米

(2)风能——风冷热泵空调系统

风能既是现代新能源之一,也是建筑节能与建筑设计中较为常见的能源,其来源是不

图 3-13 三种采暖方式一体化应用示意图（太阳能、地热能、燃烧木材）

同气压下空气的运动所产生的势能，主要应用形式有家用风力发电、高层建筑风力发电、风冷热泵空调系统等。设计人员要想在建筑节能设计中使用风能，不仅需要了解建筑现场风能资源的总储量，还要明确当地年平均风速、地理条件、地形地貌条件等因素，以便为优化建筑结构提供理论基础。设计人员也可以通过改变建筑结构来改善建筑内部空气流通状态，使室内温度在开放状态下也能实现快速调节，进而有效减少电能消耗。

（3）水能——冰蓄冷与水源热泵复合系统

水源热泵以及冰蓄冷技术均是国家大力提倡的建筑环保节能新技术。水源热泵充分利用地表水（或地下水）所含热能，改善机组冬夏季的运行工况，并因夏天可制冷冬天可制热而提高了设备利用率。冰蓄冷系统在宏观上可为国家实现移峰填谷，降低电网负荷，延缓发电厂及输配电设施的建设，在微观上则可充分利用峰谷电电价政策，为业主大幅降低系统运行费用。

（4）空气能——空气源热泵空调系统

空气源热泵空调系统是指以持续不断的风的供应作为热泵冷或热的能量来源，实现整套装置制冷制热持续运行的热泵系统。系统中包括一个主要的热泵循环，其中包括压缩机、冷凝器、蒸发器和膨胀阀。这些组件一起协同工作，将热能从一个地方移动到另一个地方。在制冷模式下，热泵吸收室内热量并将其排放到室外。通过这个过程，室内温度降低，制冷效果实现。在供暖模式下，热泵吸收室外的热量，然后将其传递到室内，提供暖气。这个过程使室内温度升高，供暖效果实现。

规范要求：表 3-6 中能效等级数据来源于国家标准《热泵热水机（器）能效限定值及能效等级》GB 29541—2013，在设计和选用空气源热泵热水机组时，推荐采用达到节能认证的产品。

热泵热水机（器）能源效率等级指标　　　　　表 3-6

制热量（kW）	型式	加热方式		能效等级 COP（W/W）				
				1	2	3	4	5
H<10	普通型	一次加热式、循环加热式		4.60	4.40	4.10	3.90	3.70
		静态加热式		4.20	4.00	3.80	3.60	3.40
	低温型	一次加热式、循环加热式		3.80	3.60	3.40	3.20	3.00
H≥10	普通型	一次加热式		4.60	4.40	4.10	3.90	3.70
		循环加热	不提供水泵	4.60	4.40	4.10	3.90	3.70
			提供水泵	4.50	4.30	4.00	3.80	3.60
	低温型	一次加热式		3.90	3.70	3.50	3.30	3.10
		循环加热	不提供水泵	3.90	3.70	3.50	3.30	3.10
			提供水泵	3.80	3.60	3.40	3.20	3.00

2. 建筑水资源利用

给排水工程与人们的生活息息相关，同时对人们的生活环境和水平有很重要的意义。建筑行业中，用水量非常大。若不能很好地将节能节水技术融入工程中，必将对我国节能减排、生态环境的保护目标产生阻碍。深化节水节能措施有三层含义：①减少用水量；②提高水的有效使用效率；③防止泄漏。针对建筑中给水设备，提出以下措施。

（1）推广节水器具技术，使用合格给水管件及配件

例如可以改变大、小便池通用同一种水量的清理模式，使用最新型卫生洁具（如图 3-14 所示）；在用水、出水口安装水流指示器，合理规划水流分配；及时更换不同功率的水泵以便于不同流量间的转换；针对给水管道泄漏的问题，卡压式连接中管道和连接

图 3-14　一次冲水量小于 3.5L 的某品牌节水马桶

件之间设有的 O 型密封胶圈存在安全隐患，应采用可长久使用的不锈钢新型水管连接件；采用定时控流自锁式、延时自动关闭式水龙头等。

（2）重视设计所选水表的设置要求及水表和表前阀门的质量要求

加强水表检定装置的技术改造，推动水表检定实现自动化，如液位自动读数等智能自动水表检定装置（图 3-15）；市场上很多水表阀门都采用球阀，其作为控制器只能短期适用，在工艺保证的前提下，可以采用平面叠阀和机械密封组合，大大减弱水管网中水压变化和电压变化带来的不利影响；各给水点均设置阀门调节或支管减压阀，保证其供水压力合理。

图 3-15　智能自动水表检定装置

（3）要对建筑给水施工进行绿色化管理

专业给排水施工人员的匮乏，尤其是给排水管道的安装和管道维修技术的不精，导致工程质量伴有随意性，也是造成能源浪费的一部分原因。因此，确保工作人员的综合素质，保证工作人员的技术水平，优化施工质量，也是建筑节水节能技术中的一项不可忽视的要求。

3. 绿色供暖设备

虽然我国目前的供暖依然是多种方式并存的局面，但随着建筑节能工作的进一步深入推进，我国的电采暖技术逐渐与世界接轨，一些能耗高、投资大、维修难的传统供暖方式受到挑战，而一些新型的高效节能独立供暖方式开始悄然兴起，追求"低能耗、高舒适"的供暖方式成为必然。绿色环保供暖装置在普通供暖的基础上进行了创新，规避了对煤的使用，大大节约了不可再生资源，在生活使用过程中更加安全环保，不必像传统供暖一样定期清洗消耗人力物力，更加快捷方便。

（1）太阳能供暖设备系统案例

太阳能供暖是利用太阳能发电原理和热力学定律，通过太阳能集热器将光能转换成热管热能加热的过程。太阳能供暖装置原理图如图 3-16 所示，增加了②温控开关可以控制室内所需要的温度。在白天主要由①太阳能集热器吸收太阳能并通过导线将太阳能转化为

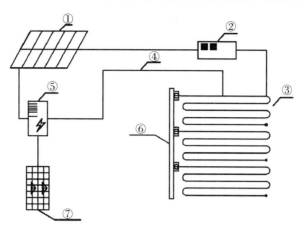

①太阳能集热器；②温控开关；③热管；④导线；⑤蓄电池；⑥地板；⑦家用电器等

图 3-16　太阳能供暖装置原理图

电能，既能给③热管加热又能使⑤蓄电池储电；到了晚上无光的时候我们可以利用⑤蓄电池给③热管加热也能达到同样的效果。余下的电能还可以给家里的⑦灯或者其他家电供电。实现了资源的合理利用，而且更加干净、安全。

（2）清洁电能供暖设备系统节能案例

以黄河流域某地室内采暖系统为例，将新型清洁电能供暖系统与常规燃气锅炉供暖系统进行费用维度的节能比较分析如表 3-7 所示（电价未考虑分时电价；燃气类型为天然气，未考虑阶梯气费）：

清洁电能供暖设备系统与常规燃气锅炉费用比较　　表 3-7

费用明细	某新型清洁电能地板采暖系统	燃气锅炉供暖系统
采暖面积	100m²	100m²
单位负荷	80W/m²	80W/m²
采暖时间	90d×24h	90d×24h
采暖总负荷	17280kW	17280kW
能源形式	电	天然气
平均能效	3	0.93
能耗	5760kWh	1950m³
能源单价	0.617 元 /kWh	3 元 /m³
年度费用	3554 元	5850 元

4. 绿色通风与空调设备

全国建筑年均能耗为 1.3 亿~1.8 亿吨标准煤，主要是空调和采暖能耗。沉重的能源负担和严重的环境污染使低碳设计理念越来越受到政府及相关部门的重视，优良的建筑通风设计在绿色建筑设计中得到了广泛的应用。因此，绿色通风空调系统是实现绿色建筑的关键。

绿色通风空调系统应为：在通风空调系统全寿命周期内，最大限度减少能源与资源的消耗并提高能源和资源利用效率，尽可能利用可再生能源和资源，最大限度减少污染排放，经济合理，尽可能延长系统寿命，创造安全、健康、舒适、高效的人居空间，最终达到人、通风空调建筑和自然三者和谐统一。

（1）建筑暖通空调设计实现绿色理念的原则

1）建筑暖通空调设计的绿色性原则

建筑暖通空调系统的选材要绿色环保，要尽量在保温材料、管道材料、密封材料中选择高质量的材料，这样不但可以降低环境的污染，而且有利于建筑暖通空调的能源节约。此外，建筑暖通空调的材料要便于回收和利用，这不但有利于建筑暖通空调系统的维护和保养，同时也有利于对能源的节约，更有利于对环境污染的控制。

2）建筑暖通空调设计的节能性原则

节能是进行建筑暖通空调设计的基本要求，同时也是践行绿色建筑设计的根本保障。在建筑暖通空调的运行中，送风、除湿、制冷、取暖都需要消耗大量的能源，在建筑暖通空调设计中考虑到节能的因素，通过系统的优化和建筑物内外的协调，达到对建筑暖通空调能耗的基本控制，这是降低建筑暖通空调系统资源和材料消耗的基本措施，也是建筑暖通空调设计的基本原则。

3）建筑暖通空调设计的循环原则

要将建筑暖通空调系统设计成可以循环和再利用的体系，通过对建筑暖通空调系统中剩余能源的回收和再利用，使得传统排泄掉的能源和材料得到重新开发和利用，这样的做法可以有效降低建筑暖通空调运行的成本，同时也可以节约建筑暖通空调系统运行的能耗。

（2）建筑暖通空调设计实现绿色理念的基本技术

1）太阳能技术在建筑暖通空调系统中的应用

2）地源热泵技术在建筑暖通空调系统中的应用

3）机械辅助式自然通风理念在建筑中的应用（图3-17）

规范要求：空调风系统和通风系统的风量大于10000m^3/h时，风道系统单位风量耗功率（W_s）不宜大于表3-8的数值。

5."光储直柔"技术

光储直柔（PEDF），是在建筑领域应用太阳能光伏（Photovoltaic）、储能（Energy storage）、直流配电（Direct current）和柔性用能（Flexibility）四项技术的简称，是平抑电网波动、有效消纳可再生能源、实现建筑"碳中和"的有效手段。"光储直柔"技术在建筑中的应用，如图3-18所示。

"光"（P）——分布式光伏发电，是替代火力发电，减少碳排放的重点技术。

"储"（E）——多样化分布式储能，通过充放电控制，作为建筑能量的调蓄池。

"直"（D）——建筑配电系统直流化，减少交流－直流转换，提升用电效率。

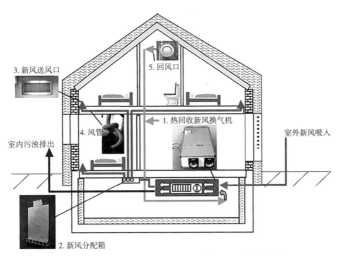

图 3-17 机械辅助式自然通风理念在建筑中的应用

风道系统单位风量耗功率 W_S[W/(m³·h)]　　　　　表 3-8

系统形式	W_S 限值
机械通风系统	0.27
新风系统	0.24
办公建筑定风量系统	0.27
办公建筑变风量系统	0.29
商业、酒店建筑全空气系统	0.30

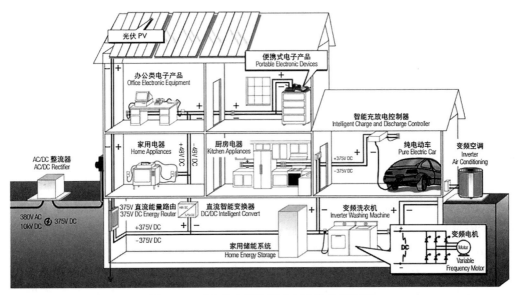

图 3-18 "光储直柔"技术在建筑中的应用

"柔"（F）——直流电压变化传递对负荷用电的需求，进行自律调节，打造柔性负载。

自2021年起，我国光伏发电行业已正式取消中央财政补贴支持。此政策出台的底气便是在"十三五"期间稳步下降的光伏产业链各环节成本。多晶硅价格下降约25%，硅片、电池片等组件价格均下降超过50%，光伏组件成本更是从2010年前后的约13元/Wp降低至近年来的约1.5元/Wp，下降超90%，为光伏发电行业实现平价上网奠定了重要基础。光伏电站可集中供应电力，而建筑分布式光伏具有灵活分散的特性。分布式光伏利用建筑本体表面进行安装，可节省土地租赁等一系列建设维护费用，比集中式光伏电站更具经济优势。技术迭代和规模化应用又会使光伏的组件效率和经济性进一步提高。未来光伏会为实现全面电气化、取代化石能源做出突出贡献。

深圳建科院未来大厦项目是"光储直柔"在建筑中进行了较好实践的项目。未来大厦通过采用强调自然光、自然通风与遮阳及可再生能源、蓄能和柔性直流供电技术集成的"光储直柔"的技术路线，探索建筑领域碳达峰路径。经测算该项目常规能源消耗水平比《民用建筑能耗标准》GB/T 51161—2016约束值降低51%，比2019年深圳市同类办公建筑平均全年能耗水平91.8kWh/（$m^2 \cdot a$）降低46.6%。经过一年运行监测，该项目实际二氧化碳减排量达到1300吨/年。如在深圳市每年350万~400万平方米新建建筑中得以应用，直接碳减排量将达到10万吨/年，相当于4万亩森林的碳汇量，降低深圳市每年碳排放增量的12%~15%，节能减排效益显著。

3.2.7 绿色建筑设备的运营与管理

1. 建筑自动化系统（Building Automation System，BAS）

绿色建筑将环保技术、节能技术、信息技术、控制技术渗入到人们的生活与工作中，用最新的理念和最先进的技术去解决生态节能与居住舒适度的问题。其中，建筑自动化系统（Building Automation System，BAS）是解决建筑生态节能与居住舒适度的主要且重要的技术措施。

BAS系统运行对冷热源、风机、水泵等设备进行有效监测，实时采集并记录能耗数据和运行状态，按照设计的工艺要求进行自动控制。BAS系统能够对室内的污染物进行检测、分析、报警，并与通风设备联动，大大提高了建筑物的能效管理水平。

2. 从BEMS走向智慧运营

楼宇自动化系统的功能在近十年得到了很大提升，并增加了管理功能，称为建筑管理系统（Building Management System，BMS）。目前，把设备监控、设备管理、能耗监测和能源管理的功能组合成一个系统，称为建筑能源管理系统（Building Energy Management System，BEMS）。BEMS功能，见表3-9。

在BEMS的运行中以能源成本最低为目标，实行能源的调度控制；也可以环境代价最低为目标，在成本的约束下实行能源的调度控制；甚至可以实行负荷响应，根据电网的负荷态势和电价调整信息，调控建筑物的用电负荷。

BEMS 功能　　　　　　　　　　　　　　　　　表 3-9

能源管理		设备监控
■ 建筑能耗信息管理 ■ 设备能效检测管理 ■ 建筑能效需求管理 ■ 建立建筑能耗基准 ■ 节能服务量化管理 ■ 节能改造量化管理	▶ 能耗数据分析 ▶ 能效数据管理 ▶ 系统运行诊断 ▶ 高效控制策略 ▶ 节能评估核证 ▶ 能耗预算预测	■ 冷热源系统监控 ■ 空调系统监控 ■ 供配电系统监控 ■ 给排水系统监控 ■ 照明系统监控 ■ 交通系统监控 ■ 停车管理系统监控 ■ 与消防、安防系统联动
能耗监测		设备管理
■ 能耗数据采集 ■ 成本报表 ■ 环境报表 ■ 预警报表	▶ 气候分析 ▶ 负荷曲线 ▶ 用户定制报表 ▶ 节能信息发布	■ 设备台账管理 ■ 设备维护管理 ■ 备品备件管理 ■ 设备更换管理 ■ 制定能源采购计划 ■ 改善性能测试与验证

3. 建筑物健康管理（Building Prognostic and Health Management，B-PHM）

建筑物健康管理的完整描述是建筑物故障预测与健康管理（Building Prognostic and Health Management，B-PHM），是对复杂装备的全生命周期进行故障预测、健康状态评估和健康管理。

B-PHM 针对空间、结构、设施、环境、服务质量、经营状况、能源成本等运行状态，根据特定的数学模型进行故障预测和健康诊断，当健康诊断专项具有自动控制功能时，立即反馈调整，采取相应措施。

BAS 系统是 BEMS 的工作基础，其正常运行可以有效监控建筑设备的运行状态。大型公共建筑的 BAS 系统再调试，能够节省建筑能耗 20%~40%。在我国大力推行节能减排，建立建筑能耗定额的管理机制，扭转大型公共建筑高能耗的情况下，BAS 系统的再调试是一项最有效的技术工作。大型公共建筑的 BEMS+B-PHM 综合应用大数据技术、人工智能技术和系统工程方法，提升智能应用水平，是今后智能建筑领域技术发展的方向。同时，BEMS+B-PHM 与智慧城市对接，实现技术和智慧相结合，更能使我国的智慧城市运营获得智慧基础，促进社会、生态与经济的可持续发展。

第4章 绿色城市与交通

4.1 绿色城市

"绿色城市"是一个被广泛使用的术语,它是当代政治、规划、科学和公共话语中的一个常见概念。然而,每一个领域都赋予概念不同的含义和相关性。绿色城市承载着一个已经实现或即将实现的积极目标的共同概念。由于城市是一个地方性且具体的实体,因此这种积极目标的意义需要具体化以及易接近。公民及其代表、媒体和政治家敦促并提出在国家、地区和地方各级建立绿色城市的目标。因此,绿色城市必须在地方各级建立具体的"绿色内容"。这一概念不仅应视为一种愿景,而且应视为现实的方案。

4.1.1 "绿色城市"概念

1. 绿色城市

关于"绿色城市"的定义,国内外学者有不同的表述方式:东南大学王建国教授指出1970年代以来,作为现代城市设计的延伸,城市设计学科根据全球环境变迁开始更多地考虑了与自然环境的相关性,并探索新一代的、基于整体和环境优先的城市设计思想和方法,称为"绿色城市设计";中国科学院大学张梦等指出在中国语境下,绿色城市的内涵可以概括为兼具繁荣的绿色经济和绿色的人居环境两大特征的城市发展形态和模式。

综合以上观点,可以将以上论述概括为,绿色城市是一座各种形式的自然生物、生物群落及其栖息地都是绿色基础设施组成的城市。在绿色城市中,为了城市居民的利益,对这些形式的自然进行保护、维护和扩展。绿色城市意味着污染全部控制、资源高效利用、人与自然和谐相处。绿色城市需要合理的规划布局、完善的基础设施体系、良好的环境质量。

2. 绿色交通

打造一座"绿色城市","绿色交通"是必不可少的组成部分。清华大学交通研究所副所长杨新苗指出,中国过去三十年走过的快速机动化道路,实际上重复了以美国为首的西方发达国家走过的小汽车建城模式的老路,必须从观念上予以澄清,在实践中予以纠偏。基于中国国情和新技术革命带来的机遇,为解决中国城市交通难题提出五大对策:积极转变和创新城市发展理念;大力推进"轻行城市"建设;将雄安新区建设成为绿色交通城市典范;积极开展城市小汽车的需求侧管理;大力推进汽车产业的供给侧结构性改革。绿色交通是为了减低交通拥挤、降低环境污染、促进社会公平、节省建设维护费用而发展的低污染、有利于城市环境的多元化城市交通运输系统。

4.1.2 "绿色城市"特点与评价要素

1. 绿色城市的特点

绿色城市既强调生态平衡、保护自然，又注重人类健康和文化发展。绿色城市是充满绿色空间、生机勃勃的开放城市；绿色城市是管理高效、协调运转、适宜创业的健康城市；绿色城市是以人为本、舒适恬静、适宜居住和生活的家园城市；绿色城市是各具特色和风貌的文化城市；绿色城市是环境、经济和社会可持续发展的动态城市。这五个方面是绿色城市的充分和必要条件，也可以称之为绿色城市的五大特点。

2. 绿色城市的评估要素

绿色城市既是一种全新的价值观和城市发展理念，也是一种"绿色城市主义"，在意识和观念上引导城市相关利益主体尊重自然，与自然和谐相处。但迄今为止，已有的著作或是侧重于定性分析，或者仅仅是某些方面的艺术性描述，并无一个公认的评价要素。整体来看，近年来国内外学者主要从以下六个角度对绿色城市进行评估：绿色交通、绿色开放空间、绿色建筑、绿色能源、绿色水和绿色废物。

（1）绿色交通

绿色交通是建造绿色城市不可或缺的重要组成部分。绿色交通的首要目的是减轻交通拥挤、降低环境污染，具体体现在以下几个方面：减少个人机动车辆的使用，尤其是减少高污染车辆的使用；提倡步行，提倡使用自行车与公共交通工具；提倡使用清洁干净的燃料和车辆等。

（2）绿色开放空间

绿色开放空间即城市中的公共绿地空间，为城市人民提供休息、娱乐的生态功能空间。绿色开放空间是城市开放空间系统的重要组成部分，可分为绿地开放空间和园林开放空间。绿色开放空间主要具备以下功能：生态调控功能、经济社会功能和文化景观功能。

（3）绿色建筑

绿色建筑是指在全生命周期内，节约资源、保护环境、减少污染，为人们提供健康、适用、高效的使用空间，最大限度地实现人与自然和谐共生的高质量建筑。

（4）绿色能源

绿色能源，即清洁能源，是指不排放污染物、能够直接用于生产生活的能源，它包括核能和"可再生能源"。

（5）绿色水

所谓"绿色水"，也叫"绿水"，主要是指植物根部的土壤存储的雨水，即源于降水、存储于土壤并通过蒸发、蒸腾进入到大气中的水汽。"绿水"概念是相对于河流、湖泊和地下蓄水层中的"蓝水"而言的。"绿水"概念是由福尔肯马克在20世纪90年代早期提出的。简单地说:"绿水"是指不可见的水,"蓝水"是指看得见的水。中国在"绿水"的研究上算是刚刚起步。

(6)绿色废物

"废物"可分为"固体废弃物"和"液体废弃物"。在2001年申奥成功之后,北京为了"绿色奥运"的实现,就开始大力研究废弃物无害化处理技术。

4.1.3 "绿色城市"的发展历程

1. 萌芽 1930

1930年,柯布西耶在布鲁塞尔展出的"光明城"规划中,提出了"绿色城市"概念。他设计了一个有高层建筑的"绿色城市"。房屋底层透空,屋顶设花园,地下通地铁,距地面5m高的空间布置汽车运输干道和停车场网。柯布西耶对自然美很有感情,竭力反对城市居民同自然环境割裂开的现象,主张"城市应该修建成垂直的花园城市",每公顷土地的居住密度高达3000人,并希望在房屋之间能看到树木、天空和太阳。勒·柯布西耶的思想也对于苏联的城市规划及建筑有显著的影响,特别是构成主义建筑的领域。

当年柯布西耶针对大城市盲目发展和拥挤不堪的恶劣环境,提出了"光明城市"的设想,其愿望是美好的。但是,不论是新建成的昌迪加尔,还是受柯布西耶思想影响下建成的巴西新都巴西利亚,却又显得缺少变化和生动亲切。这引起了以后的建筑师在进行城市规划时的思索。

2. 形成 1990

1990年,大卫·高尔敦在加拿大编辑出版了《绿色城市》,书中探讨城市空间的生态化途径,并收录了世界各地20多位专家、学者从不同角度对绿色城市建设的认识和研究成果,统一提出绿色城市的概念、内涵及实现策略。至此,绿色城市概念在国际上正式诞生。

3. 发展 2005

2005年,来自世界各地的众多嘉宾云集美国旧金山参加由联合国环境规划署和旧金山市联合举办的"世界环境日"庆祝活动。2005年环境日的主题是:营造绿色城市,呵护地球家园(Green Cities-Plan for the Planet!)。围绕这个主题,来自世界60多座城市的市长们签署《城市环境协定》《绿色城市宣言》,试图从减少城市垃圾和加强城市规划的七个方面入手解决城市的可持续发展问题。协定关于发展"绿色城市"的行动指南共涵盖实现绿色城市所需考虑的七项内容,包括水、交通、废物处理、城市设计、环境健康、能源及城市自然环境等,成为一份将环境保护,居民生活,社会、经济各方面融为一体的综合性行动纲领。

随着21世纪世界范围内绿色运动的盛行,有关绿色城市的研究已步入快速发展时期,这一阶段的绿色城市理论研究除了继续明确绿色城市的内涵和提出实现策略以外,越来越多的著作开始进行定量分析以及实证研究,对绿色城市的建设成效进行评估。

4.1.4 "绿色城市"的实现

1. 规划与设计

作为城镇建设学科之一的现代城市设计,源自工业革命后人们对解决城镇建筑环境质量问题的客观需求,逐渐深入到更为广泛的空间环境品质的改善和与技术迅猛发展相对峙的人文重建方面。以往的城市规划与设计往往遵循了经济和技术的理性准则,他们把城市看作是巨大的、高速运转的机器,注重的是功能和效率,注重在建设中体现最新科学和技术的进步和技术美学观念。

而绿色城市的规划与设计,通过把握和运用以往城市建设所忽视的自然生态的特点和规律,贯彻整体优先和生态优先的准则,力图创造一个人工环境与自然环境和谐共存的、面向可持续发展的未来的理想城镇建筑环境。为此,它除运用以往城市建设中遵循的经济和技术的理性准则外,还充分运用了各种可能的科学技术,特别是城市生态学和景观建筑学的一些适用方法技术。总的来说,绿色城市设计和以往相比,更加注重城市建设内在的质量而非外显的数量,追求的是一种由生态美学观驾驭的绿色城市。

(1) 节地

城市规划的主要组成部分之一是利用土地来干预城市规划。在绿色概念下,它主要侧重于城市规划过程对城市土地的保护和管理,主要是需要考虑"土地作为资源"。如果土地不被视为自然资源,土地使用问题没有通过适当的城市规划过程来关注日益增长的城市化趋势和快速或大规模的城市扩张,它将损害城市背景下的整个自然环境。在建筑用地方面,尽量实现功能的集中,专业的集成,要从长远的角度统筹考虑各方面用地的性质和需求,达到近远期的协调一致。

以中新天津生态城公用事业运维中心项目为例,见图4-1,该项目定位于完善区域配套而建设的高度集成化的公共建筑,集中了供水、供气、供热、新能源、道路、桥梁、排

图4-1 中新天津生态城公用事业运维中心

水、绿化、路灯、环卫、垃圾气力输送、公交、通信、污水处理、再生水利用、水域管理十六个市政公用专业的运行监控、指挥调度、维修维护、应急抢险、物资储备功能。相比较各专业单独建设指挥中心节约了大量土地及资金，从源头上控制以达到节约资源、保护环境的目的。

（2）室外环境

综合考虑当地的气候环境、声环境、光环境、热环境、交通环境等对城市进行规划设计。如采用加气混凝土外贴酚醛泡沫板保温，外窗采用断热桥铝合金中空玻璃，达到良好隔声效果，同时可以合理利用城市空间种植景观乔木、花草，利用植物振动吸声削减交通噪声。通过采用颜色深、反射系数小的玻璃幕墙，室外景观照明采用75W太阳能LED光源，避免环境对后续周边开发项目造成光污染。为有效缓解城市热岛效应，在满足维修抢险等场地功能需求的基础上，将绿地率提高至为30%，乔灌木复层绿化，利用植物的绿化遮阴。根据当地的气候条件和自然植物分布特点，选用乡土植物，根据植物的选型调整种植土厚度，形成复层绿化的景观空间。

（3）节能节水节材

1）通过建筑节能设计，采用高效能冷热源设备和系统、高效能照明系统，配备能量回收系统，尽量使用可再生能源，减少能源消耗。

2）通过建筑节水系统规划设计，利用市政中水进行室内冲厕、绿化浇灌、车辆冲洗以及水景补水，设置专用设施设备进行雨水回渗和集蓄利用，减少水资源的浪费。

3）通过建筑结构体系节材设计，采取预拌混凝土使用、高性能混凝土使用、建筑废弃物回收利用、可循环材料和可再生利用材料的使用、土建装修一体化设计施工、再生骨料建材使用等措施，减少材料损耗。

（4）室内环境质量

绿色建筑作为绿色城市的一个重要环节，其室内环境质量也是不容忽视的。在建筑建成过程中，我们可以考虑更多。比如采用可调节外遮阳，改善室内热环境；设置室内空气质量控制系统，保证健康舒适的室内环境；采用合理措施改善室内或地下空间的自然采光效果等系统设计，提升室内环境质量。

（5）交通规划与城市总体规划、土地利用规划的关系

在对现代城市交通进行规划和设计时，要注意将交通和城市总体规划、土地利用规划进行有效整合，将这些要素全部融合在一起。在具体的规划和操作过程中，要积极引进和落实交通与土地之间的利用互动机制。要将轨道交通作为基础，通过轨道交通走廊科学合理的设置和利用，实现对空间结构的优化和完善，从根本上实现城市土地的集约化利用，保证土地资源利用率得到有效提升，尽可能避免出现土地资源浪费的现象。除此之外，还要注意在实践中强化多规合一的重要性，在针对城市交通进行规划时，要与城市的整体规划和战略思想进行结合。只有这样，才能保证交通规划相关方案在落实时的有效性和针对性。

交通一直以来都是人们日常生活中非常重要的一部分,特别是对现代人而言,对交通的整体需求越来越多样化。交通运输行业在发展过程中,要结合实际情况,提出科学合理的规划方法,落实绿色交通的基本理念,将公共交通作为基础导向,构建大中运量公共交通缓解当前交通压力和拥堵现象,实现现代城市的可持续发展。

实现"绿色交通"应从以下几个方面实现:增加低碳出行方式的选择性,城市交通发展战略应该坚持公交优先的原则,在同等条件下,保证出行者优先选择公共交通系统和轨道交通系统;营造便利的步行和自行车出行交通系统;大规模使用清洁燃料以及电动汽车;制定低碳交通政策,如限制机动车等。然而步行和自行车出行距离短,长距离出行则必须依靠公交和轨道交通组织实现,国外建设经验表明,最适合低碳出行的城市交通组织模式为"公交或轨道交通+自行车步行"。

2. 建造

绿色施工是指工程建设中,在保证质量、安全等基本要求的前提下,通过科学管理和先进技术,最大限度地节约资源与减少对环境负面影响的施工活动,实现"四节一保"(节能、节地、节水、节材和环境保护)。如图4-2,德国斯图加特的梅赛德斯-奔驰博物馆是建筑通往绿色之路的一个里程碑,一向被公认为每一位工业设计师一生必须要去的地方。

图4-2 德国斯图加特的梅赛德斯-奔驰博物馆

(1)节地措施

1)施工现场不搭建宿舍区,施工人员住宿均租用统一公寓。

2)施工现场科学设计施工总平面,将仓库、作业棚、加工区、材料堆场等作业区布置在交通动线周边,缩短运输距离。

3)将施工期临时道路与规划正式道路路由合建,加以硬化,形成环路,减少道路无谓占用用地。

4）合理计算现场临时办公面积，尽量减小占地面积，材料选用多层轻钢活动板房、钢骨架水泥活动板房等标准化装配式结构。并且在项目竣工30天内，将办公临建全部拆除。

5）采用连续封闭的轻钢结构预制装配式活动围挡作为施工现场围墙，美化环境，减少施工现场用地无限扩张。

6）合理安排施工工序，工程材料加强事前控制，尽可能做到材料随到随用，且就近存放避免二次倒运。

7）仔细核算土壤挖方量，结合基坑及地下室施工，避免不必要的挖填方，最大限度地减少土壤扰动。

（2）节材措施

1）罗列材料清单，尽可能就地选材，避免长途运输对材料所带来的不必要的损耗。

2）选用可再生材料，积极选用新材料，新工艺，督促材料合理使用，减少材料消耗量。

3）建立废品回收点，以市场废品回收价格对建筑耗材脚料进行再回收，并加以利用。加强材料进场前预判，根据现场进度、货物库存量、材料周转周期编制采购计划。

4）加强材料进场后的保管，对于石灰、水泥、油漆、腻子、木料等易受潮、变形、变质的材料设定专用储藏间，对于钢筋、铝材、电缆等昂贵材料进行单独划区存放，24小时值守，进货出货均需签字。

5）加强材料施工期的管理，各施工班组根据每天施工进度，实行限额领料，如钢筋等重要材料，下料前必须绘制下料清单，且对钢筋配料进行合理选择。对于瓷砖、壁纸等贴面类材料，必须绘制排版图，尽量避免整料切割。

（3）节水措施

1）严格执行定额用水，通过加装流量控制设备，对重点机械、重点用水部位、重点用水工种进行监控。

2）加强巡视，尤其在混凝土养护、砂浆掺拌、抹灰工程、砌体工程的施工用水期间，有专人巡视，随用随开，随走随关，避免长流水现象。

3）加强临时用水管网建设，杜绝跑冒滴漏现象的发生，建设用水收集池，对于洗车用水、基坑积水进行抽取回用。

4）临时办公区用水设备，选用节水设备。

（4）节能措施

1）严格审查施工设备，对于老旧用电设备杜绝进场，并优先使用节能、高效的施工工具及设备。对临时办公区实行冬夏两季温度控制，冬天室温不高于22℃，夏天室温不低于25℃，提高空调设备的使用效率。

2）对于灯具选择，办公区室内照明选用LED光源，并加强办公区用电管理做到人走灯灭，室外工程照明选用气体放电灯。

(5）环保措施

1）为避免扬尘，施工现场道路采用 C20 混凝土硬化 10cm 厚进行硬化处理，土方、渣土运输须进行严格覆盖或使用密闭式运输车辆，现场出入口设置冲洗车辆设施，出场时由保安统一对车辆轮胎、车体进行清理，不得将泥沙带出现场。总包成立 20 人洒水小组每日一次，对场地内道路及剔凿、打磨等作业进行洒水降尘。

2）对于噪声污染，施工现场对地泵、汽车泵、振捣器、推土机、运输车辆、破碎钻石材切割机、砂浆搅拌机、空压机等强噪声设备采取必要的消声、隔振和减振措施，做好机械设备的日常维护工作。

3）严格进行固废分类收集，对于报纸、纸张、包装箱、废金属、空材料桶、玻璃、钢筋头、焊条头等可回收固废经过挑选再利用，不能二次利用的进行变卖，对于瓦砾、拆房土、混凝土试块、石膏制品等不可回收固废进行临时工程回填或运出，对于厨余垃圾及生活污水与环保公司签订协议每周两次回收清运，对于类似于工业棉布、玻璃丝布、废弃棉纱等危废须向环境局报备后到指定危废处理机构进行处理。

4）施工现场内雨水管网在排入市政雨水管网前设置沉淀池，将搅拌机、混凝土输送泵及运输车辆清洗后污水进行沉淀处理，上清液二次利用，沉淀液定期清淘。对于食堂、厕所等现场内污水来源在排入市政污水管网前设置化粪池，将上清液外排市政污水管网，严格控制水污染。

3. 维护与运营

因为传统运维管理难以满足新型绿色建筑以及绿色城市的运维管理，所以通过招标投标模式选定运维管理公司，运维管理公司参与从可研到项目竣工全过程的项目建设期管理，其中就包括了绿色建筑设计、项目绿建技术增量成本核算。在项目签订的运维管理合同中，将项目的运维管理费和绿建的回收期及回收成本相挂钩，刚性地将两者链接为一个利益共同体。

4.1.5 "绿色城市"面临的挑战

由于城市绿色低碳发展涉及国土布局、生产方式、生活模式、能源结构、城市规划等诸多方面内容，是一项复杂的全社会系统工程，在城市化持续快速发展背景下，对加快转型带来严峻挑战。

（1）城市加快发展带来的能源、资源和环境问题

从人口方面看，我国城乡及区域发展水平存在明显差距，人口向发达地区城市集聚的进程将长期持续。从全国层面看，到 2030 年我国城市化率将达到 70%，城市人口总规模将在现有基础上增长近 50%，带来的城市能源及环境压力将非常显著。

（2）清洁能源发展面临市场需求、资源保障、价格改革等多重约束

为推动城市能源结构低碳转型，我国大部分城市提出了减量、清洁利用煤炭，加快天然气替代利用等方针政策，削减煤炭使用量。但从实际情况看，大力发展天然气面临供

应能力、价格改革等多方面制约因素。例如，在冬季采暖期和天然气供应紧张阶段，如何通过储气库等调峰能力建设，增强应对天然气供应、需求和价格波动风险的能力，也是清洁化城市能源结构需要考虑的重大课题。

（3）城市发展方式转型存在诸多深层次体制和机制制约

我国自"九五"时期提出转变经济增长方式以来，如何降低经济发展对工业特别是重化工业行业的过度依赖，一直是各方面关注的焦点。在绿色低碳发展要求下，城市发展方式转型不仅涉及转变经济增长的内容和方式，还涉及区域融合、一体化发展等诸多内容，在具体实践中，尚存在许多深层次的体制机制制约。

（4）城市治理水平不能满足绿色低碳发展的更高要求

在大力推进生态文明建设背景下，为广大人民群众提供绿色、低碳、宜居的城市生产与生活环境，逐渐将成为各级政府基本公共服务的主要内容，也是政府职能向服务型政府转变的重要方面。但受我国长期以来行政主导城市化等因素影响，当前的城市治理能力水平还不能满足绿色低碳发展的更高要求，主要体现在政策措施与管理能力两个方面。政策措施方面，行政手段过多，市场和法律手段不足的问题长期存在。"十一五"以来，虽然我国在灵活运用行政手段方面也开展了节能减排目标责任评价考核等多种创新，但由于缺少公平、透明的市场运行体系作为基础，又缺乏有效的民意代表机制、第三方监督机制，在上下级政府普遍存在信息不对称的情况下，关停淘汰落后产能、治理雾霾污染等政策实施效果十分有限。管理能力方面，监管能力不足、统计基础薄弱的问题仍然突出。虽然我国新颁布了更严格的大气污染物排放标准，但针对重点企业能否长期稳定达标排放，现有监控管理力度和技术水平还存在差距。加之缺少准确、可靠、及时的企业能源特别是煤炭消费统计数据，已有关于削减煤炭的各项精细化管理措施能否落实到位，在实践中还需要进一步探索。

4.1.6 "绿色城市"案例

曲阜市文化国际慢城规划

曲阜是我国历史文化名城、国际旅游城市，但长期以来缺乏特色亮点来带动休闲旅游业的总体提升。基于对国际慢城的专题研究和案例分析，规划提出将曲阜文化国际慢城打造成为集文化旅游、生态体验、慢活休闲、创意产业于一体的中国第一文化国际慢城。时任曲阜市委书记李长胜提出慢城建设要"以田园风光为背景，以村庄改造为基础，以百姓儒学为核心，以房东经济为基本形态，以两山为重点，以交通为纽带。"规划提炼出慢城建设的四大关键系统——生态系统、生活系统、旅游系统和交通系统，并以"慢"作为慢城四大系统的外在表现形式，从"儒"入手挖掘四大系统的灵魂与内涵。通过四大系统的建设，构建曲阜文化国际慢城的空间发展模式：

（1）健康优美的生态系统：建立生态水系统、山体保护系统和农业系统，以及健康的生态基底和优美的景观基底。

（2）美丽富裕的村庄与儒风浓郁的生活系统：根据不同现状基础的村庄提出针对性的改造措施，在改善与优化物质空间的同时，丰富乡村的社会生活与文化生活。

（3）"一条慢城环线＋多条慢行游线＋多级换乘系统"：提倡慢行，限制机动车。慢城环线允许机动车进入，其余为慢行游线。环线与过境路相交处设立换乘中心，慢行系统与环路相连处设换乘点，慢行系统中设服务点。

（4）深度体验儒家文化的旅游系统：规划儒家文化主题片区，围绕片区的儒家文化主题对现状村落及项目包装提升，同时策划其他旅游项目，丰富文化体验内容，并完善旅游配套服务设施。

其中的慢行道路系统可谓是绿色交通规划的典范，结合曲阜的城市特点，提出"慢游圣城、绿连盛景、多网复合、抬乐便民"的总体构思。以绿色交通理念为导向，打造慢行友好城市、生活品质之城；以特色为核心，挖掘历史文化与景观资源特色内涵，彰显城市特色精髓。在整个曲阜市域内，进行系统的绿道规划。基于曲阜市自然生态格局和历史人文脉络，规划形成绿道网，由自然生态线、游憩线、风景名胜线、文化脉络线组成，配建完善的绿道驿站和游憩点等措施。在中心城区内部，根据不同区域城市功能、城市道路交通性质和要求，以慢行交通路权的高低，将慢行道路分为慢行专用道、慢行优先道、慢行友好道、一般道路，形成完整、连续的慢行道路系统。

4.2 低碳交通

4.2.1 低碳交通的定义

所谓低碳交通就是在对气候变化及其对人类生存严重影响的认识不断加深的背景下，以节约资源和减少排放、社会经济的可持续发展和保护人类生存环境为根本出发点，根据各种运输方式的现代技术经济特征，采用系统调节和创新应用绿色技术等手段实现单种运输方式效率提升，交通运输结构优化，交通需求有效调控，交通运输组织管理创新等目标，最终实现交通领域的全周期、全产业链的低碳发展，促进社会经济发展的低碳转型。

4.2.2 低碳交通的组成

从交通方式来看，低碳交通体系包括公共交通、慢行交通、清洁能源交通等。由于低碳交通具有可计量性的特征，碳审计须贯通到公共交通、慢行交通、清洁能源交通等规划、设计、实施的整个过程中，为监督审核"碳足迹"提供充分的数据资料，故碳审计也应列入低碳交通体系当中。

1. 公共交通

城市公共交通以适应性的交通方式引导城市向人性化、集约化、可持续的方向发展，从而实现资源节约型、环境友好型的城市功能导向，同时成为推动社会和谐，促进城市或区域可持续发展的重要动力。目前，国内各大城市在国际化、现代化的发展过程中，建立以轨道交通、电动公交车为主体、大容量快速公交（BRT）为特色的主干道、次干道相互衔接的公共交通网络，探索与其城市发展相适应的公共交通发展模式。公共交通可以降低私人小汽车出行比例，在缓解交通压力的同时降低对环境的污染。保证公共交通出行的准时性、舒适性、经济性是提高公交出行比例的前提条件，需在道路使用权、财务税收等交通政策方面为公共交通提供便利条件。

2. 慢行交通

慢行交通作为典型的城市低碳交通方式，对改善城市交通环境、缓解交通拥挤，方便出行具有重要意义，是体现城市人文关怀以及环境品质的重要内容。从国内外城市交通发展经验来看，慢行交通是居民在社区、商业服务业聚集区、历史文化区、风景旅游区、高新产业园区与院校等区域内部出行中的主导出行方式。城市慢行交通主要包括步行及公共自行车交通，承担中短距离出行和公交接驳，并兼具休闲、健身功能。城市道路中机动车道旁的非机动车道、人行道、步行街，以及道路交叉口、路段上的人行过街通道等均为慢行交通的载体。明晰的慢行交通发展定位和发展策略、合理的规划布局以及以人为本的细部设计指引是系统构建慢行环境的有力保障。

3. 清洁能源交通

新的经济形势和世界形势提供了多元化竞争的机会，新能源汽车、混合动力汽车从诞生就在价格、服务、可靠性和安全性等方面，面临着来自行业内外的诸多竞争和挑战。由于新能源车辆能源利用形式的特点，导致它与燃油汽车在交通规划上最大的区别，莫过于静态交通（停车场、充电站选址）的规划权。让电动汽车被市场接受，不仅要让消费者购买时感到实惠，还要在使用时感到充电跟加油一样便利。目前充电技术越来越成熟，充电网络的建设技术已经不成问题，只要国家政策支持构建电动汽车充电服务领域建设与运营的商业化平台，就会吸引大量社会资本投向电动汽车配套充电服务这个新兴产业领域。

4. 碳审计

要规划一个节能、低排放、低碳的交通系统，首先要了解影响交通能源和资源使用效率的决定因素，城市功能布局的划分、市民的价值观念、生活方式、消费习惯等和能源的运用和分配息息相关，直接影响交通领域的碳排放量。对交通领域出行方式的碳足迹跟踪、审计，可确定低碳交通体系的评价体系、评价因素及评价阈值。

4.2.3 低碳交通的特征

我国对低碳交通的解释主要从高能效、低能耗、低污染、低排放这四个角度展开，实现以上述目标为特征的交通运输发展方式即为低碳交通。低能耗、低污染、低排放是低碳交通的基本目标，即降低车辆行驶对石油类能源的消耗、对环境的污染以及对有害气体排放，鼓励出行者以公交、地铁、轻轨、自行车、步行等方式为主，因此低能耗、低污染、低排放这三个目标彼此联系，只要其中一个目标实现，另两个目标自然能够实现。基于以上低碳目标，可把低碳交通的主要特征归纳为如下八个方面：

（1）低碳性。低碳交通是力求不断"减碳"的过程，"节能"和"减排"是交通低碳化的两个重要途径。"节能"是指降低能源的消耗，以清洁能源，如太阳能等，降低对传统化石能源的消耗。"减排"是指在交通工具不可能完全实现不耗能不排放的情况下必须重视减少有害气体的排放。在低碳化的过程中，既要重视"节能"，同时更要把"减排"上升到应有的高度。只有在节能的基础上通过技术、政策制度等措施合理减碳，才是行之有效之法。

（2）安全性。安全是人类从事交通活动的最重要条件之一，一个好的健康的交通环境首先应该保证是安全的。然而，路面交通的安全性跟其他各种交通方式比较，是最不安全的。因为除了汽车行驶之外，非机动车、行人均可自由使用道路，很容易造成交通秩序的混乱。由于司机的综合修养，加之各种车辆的技术、速度、道路标准不同等，很容易造成交通事故。低碳交通要求在提高交通效率的同时，必须提升交通的安全性。

（3）舒适性。交通环境应当是适宜人们活动的。人们在交通活动中产生的舒适性主要包括：①通过视觉产生的舒适；②通过运动产生的舒适；③通过时间变化产生的舒适。

（4）可达性。第二次世界大战以后，西方发达国家城市交通的发展历程，实则就是一部小汽车不断满足人们对机动化需求的历史；而在发展中国家，近年来小型汽车也成为市民追求的目标。然而，城市并非是为了汽车与交通而存在的，机动性、人和物的移动本身并不是目的，而只是实现人在城市生活的手段。一般来说，可达性是指交通参与者能容易到达他要去的地方，也即指他能以很短的时间，花很少的钱，舒适地、安全地到达他想要参加活动的地方。它强调以城市的社会发展和城市的人及其活动场所作为中心，把城市交通仅仅作为城市的辅助；要求通过提高交通系统的总体效率，实现城市与交通的均衡发展。

（5）可持续性或公益性。即对环境的污染降到最低，对自然资源的利用达到最大化。当前学界普遍认为，以公交为主导、鼓励步行与骑自行车、减少对小汽车的依赖是可持续的城市交通发展策略。我们不希望将来的道路交通环境被小汽车主宰，见物（车）不见人的环境使人的自由发展受到限制，尤其对于非驾车的弱势群体有失社会公允，因而我们应寻求支持一个社会可持续发展的城市交通环境。

（6）系统性。低碳交通首先是一个整体系统，是一个体系化的概念。任何一种交通方式都代替不了其他交通方式，需要发挥各种交通方式各自的优势以及交通运营过程中相互之间的动态协调。在这个整体系统下，内部包括不同的系统，如运载工具系统、交通能源系统等。在交通运载工具系统中，既需要研发新型的低碳交通工具，又要不断提升传统交通工具的科技含量；在交通能源系统中，既要发展新的低碳能源，创新能源技术水平，又要提高传统能源的利用效率，两者之间相辅相成，缺一不可。城市低碳交通体系包括从初期的体系规划、建设、维护、运营、到交通工具的生产、使用、维护，以及制定交通制度和技术保障措施，甚至延伸到人们的出行方式和消费观念等。总体来说，城市低碳交通体系主要包括合理的城市空间布局、以公共交通为主的交通工具、有意识低碳出行的交通主体及交通观念、发达的低碳技术和完善的交通管理等组成部分。这个体系的完整度决定着低碳化的目标,即减少交通拥堵、降低机动交通工具使用,从而降低碳排放,缓解交通低效现状等。

(7)相对性。如果仅考虑交通运营方式,许多交通方式都可以实现从"高碳"到"低碳"甚至"零碳"的巨大减碳目标。所以,就交通方式碳排的相对性而言,不一定完全意味着私家车就是高碳排放,电动车就是低碳排放。目前,以化石资源为燃料的公交车辆同样也有巨大的减碳潜力,也可以逐步实现低碳公交系统的目的。

(8)双向性。低碳交通包括"供""需"两个方面。在供给方面,需要提供一个低碳的交通运输服务系统,这是基础;在需求方面,需要更新公众传统的交通理念,选择合理的交通出行工具,这是重要补充。因此,只有实现交通系统内的"供需平衡",才能真正使城市交通向低碳交通方向迈进。

4.2.4 低碳交通的实现途径

1. 推行交通低碳化发展理念

低碳交通作为一种新的可持续发展的交通理念,其践行与发展离不开公众的理解和支持,因此将低碳交通的理念内化为公众的生活理念和日常行为,是低碳交通能够广泛普及的重要影响因素。目前,居民对低碳交通这一名词并不陌生,但对如何实行却很模糊,通过积极推行居民低碳交通发展理念来降低城市交通的碳排放量至关重要。通过广泛宣传的方式,发挥媒体(如电视、网络、广播、杂志、报纸等)的作用,对居民进行低碳交通的教育;开展"公共交通日""自行车日"等活动,使居民认识到低碳交通的重要性,让居民树立绿色能源、绿色消费、绿色交通的新意识、新理念;倡导居民养成低碳出行的良好习惯,强化引导居民低碳出行,选择低能耗、低排放的生活方式,如多步行、多骑电动车或自行车,多使用低碳绿色交通工具;充分调动居民的低碳节能减排环保的积极性,依靠政府、社会、企业和个人的共同努力,将交通低碳化发展的新理念渗透到交通业的各个层面。

根据相关心理学的研究显示,人的行为具有惯性和存在某种程度上的惰性,要影响和改变人的生活行为,必须要有反复并且强烈的外界刺激。若要引起人们对低碳交通的注意和重视,必须进行全面的推广。要充分利用各种社会传播媒介和渠道,让低碳交通信息的传播深入到人们生活的方方面面,激起人们的注意力和兴趣,以致内化成为日常行为生活的一部分。

2. 提高交通节能减排的技术水平

要依靠技术进步减少交通的碳排放。随着技术的进步,我国已将一部分高科技运用到交通中,起到了部分节能减排的作用,同时重视引进高端人才和先进技术,通过大力引进和推广先进的科学技术,加快交通技术创新,制定完善低碳交通碳排放的相关技术标准,坚持实施技术创新发展、高碳向低碳交通的转型发展和可持续发展的原则,加大低碳交通、绿色交通、生态交通专项资金投入力度，实现能源使用低碳化（如清洁能源、绿色能源的使用）、交通管理低碳化（如信息化管理，提升交通管理技术）、交通工具节能化（如电动汽车、混合动力车的推广使用），从而减少交通碳排放量。

3. 加大低碳政策的实施力度

低碳交通具有较强的公共性，政府应主导和推动低碳交通的发展。通过政策手段控制市域交通的出行量（如提供适当的车位、增加停车费用、实行汽车的限号出行、错峰上下班等），降低私家车的出行比例，减少交通拥堵，从而减少汽车尾气的排放量；坚持公共交通优先原则，建设公共交通专用道路，实行高污染黄标车（排放标准达不到国家标准的车辆）和无标车（未进行环保年检或环保年检不合格的车辆）限行，零排放车自由通行的政策，鼓励淘汰高污染黄标车；对车辆适时适当征收排污费，强化监督力度，以点带面奖节罚超；引入购车税、燃料税和车辆牌照控制制度；支持基于碳税的补贴等制度的实施，确保符合节能环保的要求。

4. 完善公共交通系统

根据城市发展速度、发展规模、人口数量，通过科学规划和建设，构建公交线网密度大、站点覆盖率高的高效快捷的公交体系，提高公交出行的分担率，建设以轨道交通为骨架，常规公交为网络，出租车为补充，慢行交通为延伸的一体化公共交通体系，实施多种交通方式有机组合与互补，提高主管部门的管理水平，实现交通信息化管理，从而提高城市交通的用能效率；根据自身的经济发展水平、气候条件、地形特征等实际情况，对交通规划制度进行优化改革，进一步加强对公共交通规划制度的管理，完善现有的公共交通制度，最终实现安全、低碳、绿色、以人为本的交通环境。城市交通低碳发展对建设生态型和宜居型城市具有至关重要的现实意义。例如轨道交通便是城市公共交通不可或缺的一部分，它以运量大、速度快、人均碳排放量最小的特点独占鳌头，深化发展轨道交通已成为国内外城市低碳交通建设的必然选择。

5. 将自行车纳入城市公交体系

自行车作为人类的交通工具与城市交通方式之一，首先在西欧、北美的一些国家和城市得到应用和发展。我国的自行车交通起步较慢，但后来居上，以至于最终成为一个名副其实的"自行车王国"。然而，目前多个城市在交通建设上出现了将非机动车道缩减或改建为机动车道的现象。这种将现有的自行车道让位于机动车道的趋势，与国外发展人行道、自行车道为主的绿色交通模式背道而驰。因此，城市复兴自行车，除了能解决短距离交通接驳问题之外，还是一种生活质量的回归、交通本质的回归。我们不仅要明确自行车交通在城市交通中的不可替代性，更应该明确自行车在今天城市公共交通体系中的定位——在成熟的机动化公共交通体系下，给自行车形成一个公共交通网络，这才是切合实际的，才是低碳交通的真正要义。

自行车由于其经济实用、方便省时、没有污染、节约能源又可运动健身等优势，是适合我国国情的一种理想的交通工具，它应当在我国的城市客运交通中占有一席之地。一是要重新提倡自行车,并树立崇尚骑车的新风尚,在全社会形成一种欢迎自行车、尊重自行车的自行车文化;二是像汽车有专行道一样,自行车也应当有属于自己的专行道;三是倡导"自行车+公共交通"出行模式;四是必须努力改进自行车的性能。如大力发展轻便又能折叠的自行车,自行车就能与公共交通或地铁结合起来,从而成为都市中最迅捷和廉价的交通方式,并实现市内远距离的交通。

一个城市的公共交通无论有多发达,也无法解决城市居民出行的"最后一公里"的问题,解决这个问题最好的办法就是慢行交通。慢行交通是城市交通中不可或缺的补充,他所表现出来的低成本、节能环保等优点都充分显示了慢行交通在城市交通体系中的作用,特别是对于发展城市低碳交通建设与可持续发展,慢行交通起到了无法替代的重要作用。

6. 步行方式的系统规划

现如今城市的道路越来越宽,但是在很多时候步行道和自行车道被机动车占据了,有的在修建的时候连人行道都没有规划,这就影响居民出行交通方式的选择。居民在离开主干道之后需要经过支路的二、三级公路才能到达目的地,因此还要合理引导城市居民使用步行的出行方式。居民出行选择步行还会受人行道路质量的影响,高品质的人行道应该连续无障碍,没有车辆停放,具有足够的宽度、良好的照明系统和安全的环境。同时,交叉口行人过街的距离和时间要短,以减少行人过街的危险。因此城市需要提高人行道的质量,这样更多的人就会选择步行出行的方式,便能够形成一个良性循环,使得城市向低碳交通迈进一步。

4.2.5 低碳交通的技术保障

低碳交通的技术研发主要从两方面进行,一是从高能效角度,二是从低能耗、低污染、低排放角度进行。高能效要充分提高能源的使用效率,尽量减少交通拥堵,保持路面畅通;低能耗、低污染、低排放要求研发出可替代石油的清洁型新能源。低碳交通的发展与城市规划相关。低碳交通作为低碳经济的一部分,与城市的低碳发展规划密切相关。因此,单独依靠交通运输部门一己之力发展低碳交通,比较困难,它需要与整个城市、地区甚至国家的发展规划紧密相连。

推广节能环保车型,更新淘汰老旧车辆。杭州、台州、重庆、邯郸等城市积极鼓励新能源汽车的使用,积极淘汰低能高耗的老旧车辆,包括公交车辆和长途客运车辆,对这些车辆在更新时使用电能、天然气等清洁能源,同时对现有车辆尤其是出租车实行"油改气"。"双燃料"车型的使用,既节省了成本又降低了碳排放,这种措施目前在国内各个城市的车辆尤其是出租车中应用较广。

积极进行产学研合作,促进低碳交通技术研发。2013年11月5日清华大学、剑桥大学、麻省理工学院在北京组建了低碳能源大学联盟未来交通研究中心,该中心旨在通过国内外一流大学交叉学科之间的合作解决目前国际交通领域的主要问题:交通拥堵问题、交通环境污染问题和低碳交通问题。除此之外,各地也积极开展产学研合作,加强交通领域低碳技术的发展。例如，厦门市交通运输局将推进"隧道LED灯改造""清洁能源公交车推广应用""远海全自动化码头"等低碳交通项目；台州市路桥区也积极与浙江大学、台州学院等高校开展校地合作，引进先进的节能修路技术，通过沥青路面就地冷再生施工设备，将破损的旧路面沥青100%就地再生循环利用。

加快建立低碳交通技术体系建设。一是加强同联合国环境规划署、世界自然基金组织、世界气象组织等有关国际组织的合作；二是加强同国内外先进地区的合作；三是加强不同政府部门之间的合作；四是加强国内外民间组织参与低碳技术研究与开发的积极性，开展大城市低碳交通发展与对策研究创新合作模式，吸引、培育和留住低碳技术人才。除了加强上述各类形式的合作方式外，还要积极引进和培育各类技术人才，吸收各类资金，特别是对民间社会资金的吸取，加大先进低碳技术的研发力度，创新低碳技术的研发模式。此外更重要的是以制度为调节手段，通过制定低碳产业的各项标准和规范，推动重点行业、重点领域的低碳技术的跨越式发展，增强国际竞争能力，赶超国际先进水平。促进高校、科研机构与企业的合作，打造产学研无缝连接，加快低碳技术的市场化进程。

4.2.6 我国城市低碳交通的典型案例

淮安作为第二批全国低碳试点城市，立足长远发展抓规划，着眼增强内生动力抓项目，围绕转型升级抓创新，突出重点领域抓实效，积极推进低碳交通运输体系建设，促进交通运输科学发展，努力打造绿色低碳交通名城。

1. 明确城市定位，打造苏北绿色极核

"不沿江，不靠海，接不上东陇海"，因为地处苏北腹地，改革开放以来淮安一再与国家和省里的重大发展战略"擦肩而过"，新一轮的生态优先绿色低碳发展战略，则给"经济腹地"的淮安带来前所未有的历史性机遇。

放眼苏北，淮安既拥有生态资源富集、生态环境良好等优势，同时也面临经济结构不优、产业层次较低、高端创新资源吸附力不强等短板。如何顺应绿色发展大趋势，破除传统路径依赖观念，勇做发展新路的开拓者，淮安市以开阔的视野和多维度的布局，先后制定"东融、西拓、南联、北接"实施方案，打造"绿色低碳极核""绿色低碳枢纽""绿色低碳引擎"的新定位，为绿色发展提供战略支撑，努力在融入周边的多重重大战略中形成后发优势的"乘数效应"，构建淮河生态经济带"绿色低碳极核"。淮河绵延千余公里，依次流经河南、安徽、江苏三省，淮河流域既是一马平川、田畴广袤的"经济腹地"，也是贯穿中国中、东部的经济洼地。2017年在苏、皖、豫三省共同会商下，淮河生态经济带发展规划编制正式启动，已由淮安市牵头完成淮河生态经济带发展规划编制，并通过江苏省发展改革委上报国家发展改革委。该经济带可以实现淮河中下游城市"借港出海"，能有效实现长三角经济区、沿海经济开发区、皖江经济带和中原经济区的有效对接，承接产业转移，推动中部崛起，促进东、中部地区协调发展。由于淮河流域南北方特质并存，人口密集，在国内具有典型性和代表性，这条经济带也是我国实现全面建成小康社会目标、建设美丽中国的难点与重点区域。作为这一战略首提、首推和首位城市的淮安，在江苏省政府的支持下，极富"含金量"的《淮河生态经济带发展规划》于2018年经国务院批准，正式印发。

打造江淮生态大走廊"绿色低碳枢纽"。空中俯视南水北调江苏段东线工程，蜿蜒清澈的江水，从长江下游的扬州江都站抽引处为起点，沿着京杭大运河及与其平行的河道逐级提水北送，连接起调蓄作用的洪泽湖、骆马湖、南四湖、东平湖，托起一条蔚为壮观的恢宏水道。其中淮安四站的建设成为东线工程重要节点，为淮安融入南水北调沿线绿色屏障建设奠定了重要地位。江苏省把"高起点规划建设江淮生态大走廊"列入2017年主要目标任务，淮安由此处于淮河、大运河生态廊道两大战略"交汇枢纽"的突出位置，由过去的"战略腹地"转身成为绿色发展的战略前沿，面对新机遇，淮安市积极策应省里提出的建设"江淮生态大走廊"战略规划，全力实施洪泽湖湿地、白马湖湿地等一批生态修复工程，营造更多集景观、生态和经济于一体的绿色走廊，构筑起淮河、大运河生态廊道纵横交错的"绿色低碳枢纽"。

重塑重大战略叠加的"绿色低碳引擎"。淮安市拥有毗邻南京都市圈的区位优势，按照特色化发展、差别化竞争思路。多年来不断深化与南京都市圈及江北新区建设的分工合作，大力发展绿色产业、生态经济，高水平建设宁淮现代服务业集聚区、宁淮新兴产业科技园，通过错位发展吸附越来越多的高端创新资源，在苏北五市中逐渐彰显鲜明的区域比较优势。

2. 优化交通格局，低碳出行顺畅便捷

顺畅便捷的出行条件是提升市民幸福指数和满意度的重要指标，进入"十三五"规划以来，淮安市政府以办好民生实事为抓手，大力推进城市绿色低碳交通基础设施建设。

淮安城镇化的快速推进以及私家车广泛进入百姓家庭，城市的道路资源愈发紧张，拥堵、治堵成为这些年来的一种新常态。在完成了淮海广场、环城东路等交通改善工程后，开元路中段、发展路、幸福路、银川路等改造瓶颈路段项目以及军营路、中经路、地质路等打通堵头路段项目和水门桥、淮海路盐河桥、承德路大桥、古淮河桥、京杭大运河黄码大桥等制约城市交通的"咽喉"桥梁先后完工，都在较大程度上改善了城区交通环境。全长45.619公里、投资达到152亿元的市区内环高架建成，极大缓解了城市拥堵现象，使快速通行能力得到大幅度提升。

2015年末，淮安市公路总里程已达13272.8公里，建成了"两纵两横"高等级高速公路主骨架，将公路网密度和高速公路密度分别提升到117公里/百平方公里和3.77公里/百平方公里，其中公路网密度（按人口算）位居全省第一，高速公路通车里程达403.4公里，位列全省第四，并在苏北率先形成中心城市90公里高速公路环。2018年，淮安市计划开建京沪高速公路扩容、264省道淮安段、420省道洪泽段、331省道金湖东段等项目，续建348省道、429省道淮安段、420省道金湖段等项目。同时，加快推进"四好农村路"建设，计划新改建道路450公里，改造桥梁80座，实施撤渡建桥项目4个。这些项目的实施将进一步完善城乡路网结构，方便市民的出行。

针对城区不断拥堵的现实状况，市政府及时出台公交优先发展实施意见，努力打造全国公交优先示范城市。"十二五"期间，市区公交线路达到63条，运营线路总长度1372公里，公交车辆1146辆，建有公交站亭1350多个，有公交三分公司、城南、公交集团、九分公司、经济开发区、清安乡等6处大型停车场，90处公交首末调度站，从业人员1800多人，城市公共交通客运量达1.72亿人次。近年来还新辟、优化调整17条公交线路，延长18条线路的服务时间，加密5条夜间线路班次，推出"淮安掌上公交"App。完成淮涟、淮洪、淮金县区客运班线公交化改造，全市镇村公交通达率达到80%，大大方便了县区市民出行。同时，市政府加大清洁能源车推广力度，全市清洁能源车达3703辆，全市2431辆出租汽车都实现清洁能源动力，使低碳出行更有保障。

此外，淮安市积极推进城市慢行交通系统建设，市区沿河、沿路、公园、风光带等区域已全部建成人行步道和自行车道，全市步行和自行车道配置率达95%，成为市民休闲健身的好去处；合理组织实施公共自行车发展专项规划，积极发展公共自行车租赁系统，近几年共投入公共自行车近1万多辆，建设540多个公共自行车停车点，满足日均10万人次以上的借车需求和8%的公交分担率，解决了城市公共交通"最后一公里"难题，市民对公共自行车服务满意率逐步提升。

3. 发展智慧交通，提升低碳交通水平

低碳交通，除了交通基础设施的满足之外，智能交通技术的推广应用非常重要。在现代通信技术、网络技术不断发展的今天，利用"互联网+"、大数据挖掘技术在交通运输领域的应用，可以较大幅度地降低能耗、减少排放。城市公共交通运营中，利用网络调度平台进行车辆调配、利用指挥平台进行交通疏导、利用电台平台进行出租车调度、利用智能手机App进行停车场选择、利用大众App进行定制公交开发等，都可以在不同程度上提高车辆的运营效率，减少不必要的等候、绕行等无效浪费行为，为公共出行提供便捷的服务。截至2017年，淮安市共完成安装智能车载系统1000余辆，建设公交专用通道、整体升级公交智能调度系统、IC卡系统、乘客服务系统，淮安公交IC卡一卡通实现全省互联互通，全省客运联网售票系统切换应用、"巴士管家"手机App、自助检票等在道路客运行业投入应用。

从现代交通智能化发展的角度上，可以设置红绿灯路口公交通行优先，其原理就是在公交专用道经过红绿灯的地方埋下电磁感应磁片，这样只要公交经过时，磁片就会发生反应，这时的红灯就会迅速变成绿灯，大大增加了公共交通的准时性。截至2017年，淮安市轨道交通已经实现了优先通行，传统公交红绿灯优先通行尚处于探索阶段。

建设车辆管控信息公共服务平台，通过采集配套信息，利用集成系统、信息服务系统、智能调度系统建设不停车检测系统12套，开展车载视频监控、北斗卫星与GPS双模运行服务，通过大数据挖掘，为车辆提供行为管控综合信息服务。

2016年的市政府民生实施项目中，其中一项就是交警智能交通指挥中心建设，该项目总投资2700万元，将在市区建成集交通信号控制、诱导、视频监控、指挥调度、违法查证及信息采集和发布于一体的交警智能交通指挥中心。智能指挥中心可通过路面交通流量监测设备对路况进行监测，对车流量、车速等相关数据进行分析预测，自动提供相匹配的信号灯放行时间，实现市区红绿灯"长眼睛""有大脑"，达到红绿灯配时调控的科学、准确、有效。在交通秩序管理上，智能指挥中心也可以对市区每名交警单兵定位。主城区的任何一条道路出现交通拥堵时，智能系统将在第一时间内识别、发现，并指挥调度附近的交警迅速赶赴现场，对交通实行疏导。目前交警智能交通指挥中心运行正常。周末想开车去淮海广场逛逛，出门前打开手机里的 App 软件，从家到淮海广场的路况一目了然。哪些路拥堵，哪条路车不多，以及淮海广场周边还有多少个停车位，都可以从手机软件获知。在路上开车时，手机软件除提供路况、停车位等实时信息外，路边的液晶大屏也在实时更新这些数据。

另外，淮安市已在 205 国道上建成了感知公路，在 S236、S237 等道路建成了不停车超限检测系统，在各处高速出入口应用了 ETC 不停车收费系统。在洪泽湖区建设水上交通安全 ATS 综合监管平台，杨庄、朱码、高良涧船闸实施水上"ETC"。京杭运河新型集装箱完成 5 艘建设，完成了感知航道等信息化项目。整合提升出租汽车智能电召平台，完善天泽星、国脉车辆智能化运营管理系统、淮汽客运管理系统等项目。这些智慧交通系统的启用，极大提高交通运输效率，更加方便大众交通出行。

4. 发展轨道交通，增大公共交通运力

轨道交通具有运量大速度高、能耗低的比较优势，是节能减排形势下大中城市发展低碳交通的最优选择，目前，大中城市的轨道交通主要有地铁、轻轨、有轨电车几种形式。有轨电车相对于地铁而言，又具有较大的成本优势。淮安有轨电车是服务于淮安市的城市轨道交通，一期工程于 2014 年 2 月 19 日开工建设，2015 年 12 月 28 日正式通车，是全国第七座、江苏第三座开通有轨电车的城市。

淮安现代有轨电车一号线串联起清江浦区、开发区、生态新城和淮安区四个组团，联系了城市的商业中心、商务中心、行政中心和文化旅游中心四大区域，像一条纽带把城市各组团和功能区连成一体。从清江浦景区到八亭桥漕运文化博物苑、山阳湖运河文化国际交流区，再到河下古镇文化旅游区，全长 20.07 公里，是目前全球最长的无接触网现代有轨电车线路。更为难得的是淮安有轨电车一期工程使用超级电容，利用停站时的 30 秒钟就可以把电车上的电池充满，刹车时产生的 80% 的动能被回收并转化成电能，节能效果最好。

现代有轨电车以零排放、无污染、能耗低的优势促进了淮安市生态市建设，电车运能将逐步达到每天运送乘客 5 万到 8 万人次，其人均能耗占公交车的四分之一、小汽车的十分之一。新型轨道的连接技术、无缝线路、弹性车轮等，使噪声降至最低，为名副其实的低碳交通。

淮安现代有轨电车作为淮安现代交通体系的引领性项目，23 个站点全部设置在道路交叉口附近，沿线的公交站台换乘距离都不超过 150 米。以电车线路为主骨架，淮安城市公共交通网一步步延伸,为未来最终形成绿色快捷的"轨道上的城市"探路。同时,淮安现代有轨电车是国内首条进入城市核心区的有轨电车线路,有效缩短了主城区与生态新城、淮安区的时空距离,拓展了城市发展空间,改善居民公共出行方式、缓解中心城区交通压力、提升城市公交出行分担率,提升了淮安苏北重要中心城市的辐射集聚能力。

目前淮安市规划的轨道交通计5条线路,线网总长度约为134.6公里。除了一期工程投入运营外,其他规划尚待落实。由于轨道交通涉及面广、投资额大、施工期长,所以,尽快落实相关的报批手续、资金筹措、征地拆迁,力争早日开工,方能满足公共交通"适度超前"发展的要求,才能为构建综合交通运输体系奠定城市交通"骨架"网络基础。

5. 加快空港建设,交通枢纽提档升级

淮安涟水机场于2008年10月8日开工建设,2010年9月26日正式通航。2018年4月26日,淮安机场二期扩建飞行区工程竣工并正式投入运行。机场海拔高度为7米,飞行区等级为4D,跑道长2800米,宽45米,可满足A321、B737—800机型起降要求。候机楼面积1.47万平方米,国内、国际厅各占一半,登机廊桥3部;停机坪3.3万平方米,共有15个停机位;具备年130万人次旅客的吞吐能力。淮安机场在全国中小机场中,率先提出以"绿色机场、智慧机场、人文机场"为内涵,明确了"打造国内特色支线样板机场、江苏对台交流合作的重要门户机场、苏北航空客货运集散中心"的发展定位。从第一年的23万人次,发展到2014年的50万人次规模,淮安机场仅用4年多时间就实现了同类机场需要10年左右时间才能达到的目标,创造了支线机场发展的"淮安速度",得到了民航业内的普遍好评,被誉为"全国支线样板机场"之一。

机场作为淮安的重要公共基础设施,是对外交流的"空中桥梁"、招商引资的"靓丽名片"、产业升级的"强劲引擎"、中心城市的"核心功能"、民生福祉的新鲜补充。机场建成之后,淮安的对外交流交往异常活跃,前些年,台商来淮安投资时,往往有一个要求,就是必须有机场。机场建成之后,台资的集聚明显加快,目前台资企业已超过1000家,总投资超过了100亿美元。淮安机场建起的空中快速通道,大大缩短了淮安与全国乃至世界的时空距离,已成为淮安扩大开放、互利共赢的"黄金商道",先后吸引了中国移动呼叫中心、实联化工、天淮大无缝钢管、中欧直升机、敏实电动汽车等产业落户淮安,为淮安在激烈的区域竞争中抢得了发展先机。

截至2017年,淮安机场共通航22个城市,冬春季航班换季后通航城市增至25个,新增柬埔寨、泰国、越南等国际航线。机场全年完成旅客吞吐量128.63万人次,同比增长49.31%;完成货邮5006.70吨,同比增长7.96%;保障各类飞行起降1.54万架次,同比增长50.53%,位居全省全国前列,迈入中型机场行列。淮安机场走出了一条具有淮安特色的民航发展道路,为提升区域经济竞争力和扩大对外开放发挥着"空中桥梁"的重要作用,淮安机场逐步成为展示淮安城市形象、体现城市品位的第一窗口。

6. 启动高铁枢纽建设,发展低碳快速交通

高铁是一种安全舒适、低碳环保的运输方式,也是全球增长最快的客运铁路运输服

务。自2005年以来,全球高铁活动稳步增长,这里面的主要原因是中国的高铁迅速增长。由于铁路行业在减少二氧化碳排放方面能够发挥关键作用,特别是能够取代短途航空,所以高铁的快速发展给交通部门的低碳化提供了重要的机会。

2015年7月,投资457亿元、总长305公里的连淮扬镇高速铁路开工建设,2020年全线建成通车,淮安人民实现了在家门口乘高铁出行的梦想。连淮扬镇铁路(连云港—淮安—扬州—镇江)全线共设董集站、灌云站、灌南站、涟水站、淮安东站、宝应站、高邮北站、高邮高铁站、邵伯站、扬州高铁站、江都站、泰安站、镇江大港站、横山站、丹徒站和镇江站16个站,设计时速250公里。

具有京沪铁路第二通道的重要功能的徐宿淮盐铁路,已于2019年12月建成通车。该铁路与京沪铁路、陇海铁路及京沪高铁相连,形成徐宿淮扬镇通道。大大缩短了淮安到达南京、上海的时间,使淮安真正融入长三角经济圈,有助于推动区域城市功能重组和城市间的竞合发展,形成与核心城市的"同城效应"。另外,已全面开工的宁淮城际铁路(宁淮连城际铁路)是一条规划中的位于江苏省内由南京市至淮安市的高速铁路。线路总长约203公里,设计速度为每小时350公里,为双线客运专线铁路。建成后南京、淮安两地间可实现1小时直线到达。这必将推进淮安苏北重要中心城市建设,打造南京都市圈交通一体化,有利于实现宁淮同城化。

作为高铁建设的重要一环,淮安高铁东站枢纽包括高铁客运站、长途汽车站、站前广场、市政配套四大板块,包括铁路、公路客运站、公交首末站、大容量公交等其他交通换乘设施。高铁东站枢纽不仅是连淮扬镇铁路、徐宿淮盐铁路的交汇站,还预留了宁淮城际铁路的接入空间。淮安及周边居民可从这里出发,快捷方便地到达南京、上海、北京等重要城市。淮安东站枢纽成为淮安城市展示的窗口,发展的新引擎。

作为综合客运枢纽,实现最便捷的换乘才能让乘客走得方便,走得快捷——在高铁东站枢纽的设计中,处处彰显着以人为本的理念。在交通枢纽区域内规划了铁路、有轨电车、公交、出租车、公路客运、机场大巴多种交通体系最远的换乘距离仅200多米。高铁站站房上层与快速路相连,进站和出站的旅客能零距离乘坐社会车辆快速抵达或离开;高铁站站房下层即快速路下方为公交区域,乘客从下层可乘公交车,来去方便。如果是坐长途汽车到达高铁东站枢纽,出了汽车站转乘高铁,也只需穿过站前广场即可到达高铁站。未来,如果通了地铁,预留的地铁出口处于站前广场下方,与高铁站更是近在咫尺。

淮安作为长三角北部区域性交通枢纽、国家铁路干线网络重要换乘节点之一,因高铁的快速通达效应,沿线城市间的经济往来将变得愈加频繁,这对提升淮安的吸引力,彰显淮安的辐射力具有重要意义。淮安五条高铁犹如五条游龙,交汇淮安形成"米"状格局,淮安将真正成为名副其实的高铁枢纽城市、国家铁路干线城市。

7. 推广港口岸电技术,推进绿色港口建设

港口岸电是指船舶靠港期间停止使用船舶发电机而采用岸电电源供电,通过采用船舶岸电技术,可以大幅度减少船舶发动机污染物排放,有效解决靠岸船舶自发电对港口水域

带来的污染问题，还能够减少船舶发电机组的振动和噪声，减少船舶发动机的机器磨损。最为关键的是以港口电网供电代替船舶自备燃油发电机供电，实现二氧化碳、二氧化硫以及氮氧化物等污染气体减排比率达97%，基本实现零污染。与此同时，可以产生巨大的经济效益，500吨级船型每天使用柴油机发电的费用是265元，使用岸电的费用是27.3元。两者相比，费用降低近90%。港口岸电技术的推广使用，不仅节能减排增效，而且是绿色循环低碳港口建设的有效途径之一。2015年3月，淮安市港口局与淮安供电公司签署《关于港口岸电工程建设项目的合作框架协议》，利用技术管理和政策服务优势，相互支持，加快推进港口岸电和节能光源的应用。截至2017年，全市完成了金湖新港、盐化工通用码头、涟水华昌化工、涟水粮食产业园等14个港口、65个岸电箱、156个输出接口的建设，可同时给156条船舶供电；完成了盐化工通用码头、海螺水泥等10个港口共600余盏节能光源的置换工作。2015年年底，淮安实现了全市规模较大码头实现岸电系统全覆盖的目标，全年减少消耗油料1340吨，减少排放二氧化碳4180吨、二氧化硫108吨、氮氧化物120吨。确保淮安港在推进绿色低碳港口建设上不断迈出新步伐，争当全省乃至全国内河港口节能减排工作的"排头兵"。

为了全面推进绿色低碳港口建设，2018年，淮安市加强新建港口项目设计源头控制，在港口初步设计阶段对水污染、大气污染防治等内容明确标准、要点纳入概算；加强港口粉尘污染综合治理，重点做好淮安新港散货堆场防尘网及淮阴城东作业区、许渡作业区防尘设施的建设工作；推进港口水污染防治和污染物接收、转运及处置设施建设，2018年实现淮安港运营码头垃圾回收箱100%全覆盖；提高港口码头绿化水平，优化港容港貌，确保全市公用港口码头可绿化区域绿化率达到100%。

8. 绿色低碳示范引领，比亚迪助力城乡客运

淮安市在深入推进城市公共交通优先发展的基础上，注重绿色低碳的示范引领，积极引进纯电动公交车，推动城市公交电动化发展，努力构建安全、舒适和便捷的城乡客运一体化道路客运网络。鉴于比亚迪客车的绿色科技和坚实品质，淮安市于2017年一次性采购了500辆比亚迪纯电动公交车，车型包含10米纯电动客车K8和8米纯电动客车K7，用于改善市民出行条件。

根据线路需要，该批比亚迪纯电动公交车计划在市区投放400辆，其他各县区共投放100辆，已陆续投放运营。其中金湖县采购的20辆纯电动公交车已全部投入公交1、2路线运营，进一步满足了人们的绿色出行需求。据悉，淮安市比亚迪纯电动客车车身设计主要以草绿色为主色调，象征着春天的色彩，体现生态淮安、公交优先、绿色出行的绿色发展理念。车身上由几何图形拼接而成的水波纹，形状清新自然，体现了淮安四水穿城的水文化特征。全部车辆投放完毕后，每年减少二氧化碳排放3万吨、氮氧化物排放185吨，可为淮安市城乡客运一体化发展和节能减排做出重要贡献。

据了解，投放淮安的两款车型集高安全、高科技、高性能于一体，搭载了全铝合金车身、轮边驱动以及行业首创的动力电池热管理系统等多样先进配置，可带来卓越的运营品质和用户体验。其中,动力电池热管理系统可确保动力电池在极端气候环境下保持稳定、高效工作,使车辆具有耐高寒、耐高温、长寿命、高安全、易维护、适用广等特点。2018年年初,淮安突降大雪,得益于产品品质优势,比亚迪纯电动客车在寒冬大雪中始终保持安全平稳运行,为淮安市民的交通出行提供了有效保障。

比亚迪新能源汽车,近期不断斩获各个城市的批量订单,几乎每次订单金额都是高达10亿以上。比亚迪通过"云轨+新能源出租车+纯电动大巴"模式,走出了一条属于自己的特色之路。根据淮安市人民政府与比亚迪股份有限公司签订投资和战略合作相关协议,比亚迪股份有限公司将在淮安建立云轨制造基地,基地投资20亿元,项目总投资达200亿元。

作为苏北重要中心城市,淮安市将以公交电动化发展为契机,进一步推动城市绿色公共交通发展,促进城乡客运一体化,保护生态环境与市民健康,以实际行动建设"生态淮安"。未来,比亚迪也将以其先进的绿色科技和成熟的运营经验助力城市早日实现公交电动化,为城市节能减排做出重要贡献。

9. 践行绿色低碳理念,不断提升管理水平

交通运输是国家节能减排和应对气候变化的重点领域之一,也是能源消耗和温室气体排放的主要行业之一,生态文明建设对交通运输节能减排提出了新的更高的要求,转变交通运输发展方式、实现科学发展,是交通运输发展的导向。近年来,淮安市不断深化对绿色低碳发展理念的认识,坚持以符合交通运输发展规律为前提,积极探索行业节能环保发展新模式,治理能力和监管水平不断提高,绿色交通发展成效日益明显。

为了进一步推广绿色低碳交通,淮安市成立了由政府主要领导负责的绿色循环低碳交通运输发展领导机构,制定出台了《淮安市绿色循环低碳交通运输体系中长期发展规划(2013—2020)》《淮安市建设绿色循环低碳交通城市区域性项目实施方案(2013—2017)》《关于加快绿色循环低碳交通运输发展的实施意见》等文件,为淮安市践行绿色低碳交通发展提供了指导性文件;多次召开低碳交通建设推进会,协调推进工作落实;同时不断创新管理手段和技术手段,推广应用"互联网+""大数据""云计算"等信息化、智能化手段,建成全国首个公路云计算数据中心,实现对项目的全过程监管。为了加快推行新能源、清洁能源车辆使用,全市在册运输车辆全部加装油气回收装置,并精选部分车船安装能耗在线监测终端设备,实时收集数据并比对分析;严格推行上路车辆准入制度,建成机动车尾气排放监管信息系统,有效减少机动车尾气排放污染,全市20家环检机构全部联网运行,实现数据实时上传;完成2881艘机动船舶和460艘400总吨以上船舶防污染改造任务,拆解内河非标准船舶142艘,补贴资金1400万元;在交通工程施工方面,大力推行标准化工地建设,加大项目施工扬尘治理,最大限度降低扬尘对环境的影响;严密组织实施交通干线、沿线环境综合整治"五项行动",净化、绿化干线公路。

进一步理顺管理体制,不断加大简政放权力度。行政许可和行政服务项目全部实现外网申报、外网反馈和一站式办理,交通行政许可项目压缩64%,平均办理时限压缩至3.5

天，推行"人性化执法"与"刚性监管"并用的行政指导工作模式，为淮安市绿色低碳交通发展提供了体制保障。

此外，淮安市还建立健全交通环境防污染应急响应机制，强化救援队伍建设，加强物资储备，提高应急处置能力，"十二五"期间已经建成了市级处置中心和淮阴区、涟水县、淮安区、盱眙县、金湖县五个县级公路应急基地，公路养护与应急机械设备水平持续提升，全面推广路政养护联合巡查机制，大力推进机械化养护发展，全市普通国道省道公路养护与应急机械设备达到每公里65台（套）。在全省率先启动绿色工地、绿色公路、绿色客运站、绿色港口（航道）、绿色汽修等绿色交通管理示范项目评比活动，充分调动各单位全员参与创建的积极性，为推动全市绿色低碳循环发展奠定了扎实基础。

第5章 住建领域碳排放管理

5.1 住建领域碳排放核算

5.1.1 住建领域碳排放核算背景

联合国环境规划署（UNEP）发布的《2022年全球建筑建造业现状报告》显示，2021年该行业的总能耗和二氧化碳排放量增长到了疫情前水平以上。建筑物和建设行业占到全球能源需求的34%以上；在建筑全生命周期过程中，二氧化碳排放占比则达到37%左右；建筑行业与能源相关的运营排放达到100亿吨二氧化碳当量，比2020年的水平高出5%。可见，建筑行业是全球低碳节能的重要领域之一。

我国的建筑能耗约占总能耗的27%，碳排放量占总排放量的40%左右。国内单位建筑面积能耗是发达国家的2~3倍，新建筑中有80%以上是高能耗建筑，存量建筑中有95%以上是高能耗建筑。因此建筑能耗与碳排放是我国当下的重点研究内容。

本书所述建筑主要是住宅和公共建筑。其中住宅建筑碳排放在整个社会碳排放中占有很大的比例。各国的住宅建筑能耗占总能耗的比例基本维持在1/3左右，伴随这些能耗的碳排放量同样占有较大的份额。各类大型公共建筑碳能耗集中在运营阶段，在建筑全生命周期中，可达到70%左右。

建筑业由于其特有的建材复杂性、多样性，建筑生命周期各阶段的复杂性，建筑部门的分散性，数据统计标准不一致等诸多因素造成其碳排放计量问题一直是一个学术难题。

5.1.2 核算的基础知识

建筑碳排放核算主要涉及以下研究，建筑从诞生至拆除的过程中，采用量化的数据来评价其能耗的多少需要从多个领域多个阶段统计分析大量复杂数据。为了量化这个过程，将一个建筑的时间和空间进行界定，排除干扰因素，从而形成有限变量数据统计和分析的过程。

1. 建筑碳排放时间的划分

目前存在较多的理论是以建筑全生命周期作为建筑碳排放核算的时间单元。对于生命周期假设与限定条件不同，会影响建筑生命周期的划分，也就产生不同的碳排放系统边界，碳排放内容也会产生一定差异。本书所述的建筑全生命周期由建材开采生产阶段、建筑工程施工阶段、建筑运行维护阶段及回收阶段四个部分组成。针对不同类型的建筑、材料及结构形式，分析过程侧重不同。准确的生命周期体系克服了以往研究的片面性和局限性，对建筑碳排放的测算更加准确客观。

建筑全生命周期从原材料的开采，产品制造使用到建筑拆除，整个过程都会对环境产生影响。对建筑的碳排放进行评价就要研究建筑全生命周期中各个阶段的特点，以便于寻找到最优方案。建材碳排放的研究要从建材开采、生产、使用、回收几个阶段考虑，例如：一般大型钢材的回收率可以达到85%，如果只考虑钢材的生产阶段显然是不合理的。在整个建筑全生命周期，建筑使用阶段的能耗和碳排放比例较高，是分析的重点。目前建筑行业所提出的节能建筑、零能耗建筑、零碳排放建筑，基本是针对使用阶段而言的，通过某种节能技术或者材料在使用阶段使能耗、碳排放降低。在分析建筑碳排放时，应当从建材生产阶段开始，即从建筑全生命周期的角度考虑建筑碳排放。

建筑全生命周期的划分国内外存在多个观点，其中国内主要有三个阶段划分方法和四个阶段划分方法。三个阶段划分方法以清华大学张智慧教授为代表，划分为物化阶段、使用阶段和拆除处置阶段。四个阶段划分方法以刘念雄等学者为代表将其分为准备、施工、使用和维护、拆卸等四个阶段。国外一部分划分方式与国内相同，同时也有一种理论，以原材料为主线可忽略施工阶段的理念，其将建筑全生命周期分为材料生产、建设、运行、拆除以及处理四个阶段；本书在其基础上研究了不同建筑物的碳排放区别，进行对比分析。

（1）建筑碳排放空间的限制

在建筑生产及使用的过程中，建筑材料开采生产阶段主要包含各种建筑设备的制造、建筑机械的制造，所使用的空间集中在建材生产基地或工厂。建筑材料运输过程、建筑的施工建造阶段主要包括建筑材料的运输过程、施工工艺的组织实施，这个过程主要集中在施工现场及运输途中。建筑运行维护阶段主要包含建筑本体及其附属区域，也集中在这一区域用能。建筑拆除阶段包含废弃物的运输、建筑垃圾处理、建材回收利用，这个过程涉及拆除现场、垃圾运输途中及材料回收厂区。

（2）建筑碳排放测算基本方法

从基于建筑全生命周期评价理论角度研究，建筑碳排放贯穿建筑全生命周期，在各个阶段具有连续性，建筑碳排放核算需要对建材开采生产阶段、建筑施工阶段、建筑使用和维护阶段、建筑拆除和回收阶段的碳排放来源进行盘查，明确各阶段碳排放测算的方法和测算清单。国内建筑行业属于劳动密集型行业，建筑产品制造生产周期长，涉及部门多，数据统计工作量大，无法形成具有完整逻辑关系的批量数据。国内对建筑物的碳排放测算主要采用三种方法：实测法、物料衡算法和排放系数法。

1）实测法

实测法主要通过监测工具，采用符合当下国家标准的计量器具，对目标气体的流量、浓度、流速等进行测量。同时结合国家环境部门认可的数据来计算目标气体总排放量。采集的样品数据具有很强代表性和较高的精确度，实测法是一种比较可靠的方法。

2）物料衡算法

物料衡算法是在建设过程中对使用的物料进行定量分析，根据质量守恒，投入物质量等于产出物质量,把工业排放源的排放量、生产工艺和管理、资源、原材料的综合利用及环境治理结合起来,系统地、全面地研究生产过程中碳排放的一种科学有效的计算方法。这种方法虽然能得到比较精确的碳排放数据,但是需要对建筑物全过程的投入物与产出物进行全面的分析研究,工作量很大,过程也比较复杂。

3)排放系数法

排放系数法是指在正常技术经济和管理条件下,根据生产单位产品所排放的气体数量的统计平均值来计算总排放量的一种方法。目前的排放系数分为有气体回收和无气体回收两种情况,而且在不同的生产状况、工艺流程、技术水平等因素的影响下,排放系数也存在很大差异。因此使用排放系数法的不确定性也较大。

但排放系数法是目前最常用的碳排放计算方法,此种计算方法可以进一步划分为标煤计算法和能源种类法。标煤计算法,即根据建筑能耗折算为标煤量,再通过标准煤的二氧化碳排放量进行计算,见公式(5-1);能源种类法,即直接根据各种能源种类的二氧化碳排放量进行计算,见公式(5-2),能源种类法较精确。

采用标煤计算法计算 CO_2 排放量的公式(5-1):

$$C=\sum\nolimits_{i}(E_i) \times K_{ce} \times \frac{44}{22} \qquad (5-1)$$

式中　C——建筑二氧化碳总排放量,kg;

　　　E——建筑实际不同种类能源消耗量折算为标煤量,kg;

　　　K_{ce}——标煤排放因子,kgC/kg;

　　　i——标煤法测算对象排序。

采用能源种类计算二氧化碳排放量的公式(5-2):

$$C=\sum\nolimits_{i}(K \times E)_i \times \frac{44}{22} \qquad (5-2)$$

式中　C——建筑二氧化碳总排放量,kg;

　　　E——建筑实际不同种类能源消耗量,kg,Nm^3;

　　　K——不同种类能源单位碳排放量,kgC/kg。

(3)碳排放核算范围的确定准则

质量准则:将建筑工程各阶段消耗的所有建筑材料质量大小排序,累计质量占总体材料质量的80%以上的建筑材料纳入核算范围。

造价标准:将建筑工程各阶段消耗的所有建筑材料按照造价大小排序,累计造价占总体材料造价的80%以上的建筑材料纳入核算范围。确认材料使用质量或占用生产成本(造价)的比例测算上,可以借鉴ABC分类法对所使用材料进行分类量化统计。ABC分类法是根据材料的占用资金大小和品种数量之间的关系,把材料分为ABC三类(见表5-1),找出大量使用材料的一种方法。

材料 ABC 分类表　　　　　　　　　　　　　表 5-1

材料分类	品种数占全部品种数（%）	资金额占资金总额（%）
A 类	5~10	70~75
B 类	20~25	20~25
C 类	60~70	5~10
合计	100	100

ABC 分类法分类步骤：

第一步，计算每一种材料的金额；

第二步，按照金额由大到小排序并列成表格；

第三步，计算每一种材料金额占库存总金额的比率；

第四步，计算累计比率；

第五步，分类。

A 类材料占用资金比例大，是重点管理和使用的材料，要按品种计算材料占总造价的比例；对 B 类材料，可按大类统计其用量；对 C 类材料，可采用简化的方法统计。

能耗准则：将建筑工程各阶段所有机械、设备按能源消耗大小排序，累计达到相应阶段能源消耗 80% 以上的机械、设备纳入核算范围。

（4）功能单位

建筑物规模不一，物化阶段材料、机械使用量相差很大，直接导致碳排放量差别很大；而使用阶段持续时间几乎占了建筑全生命周期的全部，计算所对应的年限对结果影响很大，因此仅给出建筑物总的碳排放量缺乏可比性，需要结合一个横向可比较的评价方法进行对比分析。

碳排放评价应以建筑投入使用后 100 年为评价期，将温室气体质量按照 IPCC100 年全球变暖潜能值（GWP）系数换算成"二氧化碳当量"CO_2e 进行衡量。由于需要考虑建筑寿命的时间因素，因此建筑全生命周期碳排放以每年每平方米建筑面积所产生的千克 CO_2e 进行度量，其计量单位为 $kg/(m^2 \cdot a)$，见公式（5-3）：

$$BCE = \frac{E_{man} + e_{u+d}}{S \cdot T} \qquad (5-3)$$

式中　BCE——建筑全生命周期碳排放评价值；

　　　E_{man}——物化阶段碳排放；

　　　e_{u+d}——运行使用和拆除回收阶段碳排放加权值；

　　　S——建筑总面积；

　　　T——建筑寿命年限。

（5）清单分析

针对建筑全生命周期的碳排放清单分析，其主要任务是分阶段的基础数据的收集，并进行相关计算,得出该阶段的总输入和总输出量,作为评价的依据。输入包括:建筑原材料用量、各种能源用量;输出是建筑本体,还包括向环境排放的各类污染物。在计算时需要考虑各种能源的利用率、机械的运行效率等。建筑全生命周期的碳排放清单分析如图5-1所示。

2. 碳排放基础研究

(1) 建筑碳排放因子

对于碳排放的清单计算,通常以产生的二氧化碳量来衡量。计算建筑碳排放,其本质是为了说明其对全球气候变暖所造成的影响,因此碳排放分析不仅仅局限于二氧化碳,应当将所有对全球气候变暖造成影响的气体都纳入到碳排放的清单当中。IPCC以二氧化碳气体的全球变暖潜能值(GWP)为基准,其他气体(甲烷、氧化氮等)的GWP是以二氧化碳为基准,折算为二氧化碳当量来衡量。二氧化碳的GWP值定为1,其余温室气体对二氧化碳有一个比值,定义为各自的温室气体GWP值,温室气体的GWP与三个方面有关,对红外辐射的吸收能力;在大气中存活的时间;在什么时间段与二氧化碳相比较。所以GWP值与时间有关,一般分为20年、50年、100年。

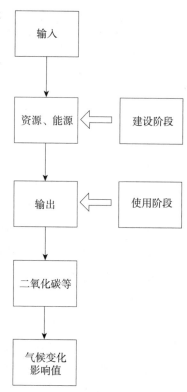

图5-1 建筑全生命周期的碳排放清单分析

建筑全生命周期的碳排放即是建筑物化、使用和拆除处置各阶段的各类温室气体排放量与其全球气候变暖影响潜能特征当量因子相乘所得到的总和。其公式为(5-4):

$$GWI=\sum_{j=1}^{3}\sum_{i}W_{ij}\times GWP_{i} \tag{5-4}$$

式中 GWI——建筑物生命周期碳排放指数,$kgCO_2$;

W_{ij}——建筑物生命周期内第j阶段(j=1,2,3,分别为物化、使用和拆除处置阶段)所产生的第i种温室气体的质量,kg;

GWP_i——第i种温室气体的全球变暖潜能值,$kgCO_2$/kg温室气体;

i——温室气体的种类代号。

根据《京都议定书》,温室气体包括以下6类:二氧化碳(CO_2)、甲烷(CH_4)、氧化亚氮(N_2O)、氢氟碳化合物(HFCs)、全氟碳化合物(PFCs)、六氟化硫(SF_6)。

研究发现,不同温室气体对环境的影响差别是很大的,按照CO_2、CH_4、N_2O、HFCs、PFCs、SF_6的顺序依次增大,但是CO_2的排放量最大,以前大部分研究只统计CO_2的排放量,但随着研究的深入人们逐渐意识到需要对各种温室气体综合考虑。

(2) 建材碳排放因子

对于建筑行业的碳排放(以CO_2当量表示),除了日常使用的能源以外,大部分来自于建材生产过程。需要说明的是，建材产品种类繁多，受时间及统计渠道的限制，无法对各种建材一一进行统计。这里以我国建筑普遍使用的主要建材为研究对象，具体指钢材、铝材、水泥、建筑玻璃、建筑卫生陶瓷、木材、砌块等。数据来源于建材相关管理部门、国家统计局的国内建材产品平均统计数据。二次建材不在本书研究范围。

1）建材碳排放因子计算方法

建材碳排放因子的确定包括三个部分：

①能源消耗导致的碳排放，包括化石燃料和电力消耗；

②来自于硅酸盐材料化学反应分解产生的碳排放；

③考虑可回收建材的回收系数。

建材生产阶段 CO_2 排放量计算：首先从能源的使用量与建材生产原料的含碳量来估算建材产品的 CO_2 排放量。如：生产 1 吨波特兰水泥，其国内生产耗能统计平均结果为每吨水泥需要使用 170kg 标煤和 120kWh 电能，则其 CO_2 排放量为：

$$= \frac{标煤用量 \times 标煤CO_2排放量 + 用电量 \times 电CO_2排放量 + CaCO_3分解CO_2}{1000}$$

$$= \frac{170 \times 2.772 + 120 \times 0.723 + 0.75 \times 0.38 \times 1000}{1000}$$

$$= 0.843 (kgCO_2/kg)$$

考虑可回收建材的回收系数：

以建筑全生命周期的观点，计算建筑材料 CO_2 排放时必须考虑建筑材料的可再生性。材料的可再生性指材料受到损坏但经加工处理后可作为原料循环再利用的性能。具备可再生性的建筑材料包括：钢筋、型钢、建筑玻璃、铝合金型材、木材等。通过对国内相关产品的调查，给出下列可再生材料的回收系数，如型钢回收系数 0.9，钢筋回收系数 0.4，铝材回收系数 0.95。建筑玻璃和木材虽然可全部或部分回收，但回收后的玻璃一般不再用于建筑，木材也很难不经处理而直接应用于建筑中。

回收的建材循环再生过程同样需要消耗能源和排放 CO_2。研究表明，我国回收钢材重新加工的能耗为钢材原始生产能耗的 20%~50%，取 40% 进行计算；可循环再生铝生产能耗占原生铝的 5%~8%，取 6% 进行计算。建筑材料回收再生产过程的生产能耗指标为钢材 11.6MJ/kg，铝材 10.8MJ/kg，同样，回收再生产过程排放 CO_2 的指标为钢材 0.8kg，铝材 0.57kg。考虑再生利用后的 CO_2 排放量计算：

$$CO_2 排放量 = 各种建材单位 CO_2 排放量 \times (1-可回收系数) + 回收再生产过程 CO_2 排放量 \times 可回收系数$$

2）部分主要建材碳排放因子

目前，我国关于建材碳排放因子的确定存在一些问题：

①能耗统计方法不同，能源碳排放因子计算结果不一致；

②对建材生命周期的界定不同，一般是建材开采、生产阶段，有些包括建材运输和建

材回收等；

③数据代表的时间不同，同一种建材的碳排放随着生产工艺的改进和能源利用效率的提高而改变，不同时间统计的结果差别很大。

鉴于以上几点，通过搜集基础数据，查看文献，对不同研究结果进行比较，为尽可能系统统计建材种类，在国内数据不全的情况下，借鉴一些国外的基础数据，建材碳排放因子的确定不仅包括能耗导致的碳排放、生产工艺引起的碳排放，同时考虑建材的可回收系数。本书以钢材、水泥、混凝土为算例进行碳排放因子的说明。

A. 钢材

钢材作为重要的建筑材料，碳排放量与生产工艺关系密切，炼钢工序主要包括炼铁、轮钢等七步，炼钢炉主要有转炉、电弧炉，平炉在近年已经被淘汰。本书只考虑钢材在原料开采、钢材生产阶段的碳排放，而且主要是由于能源消耗、燃烧导致的碳排放，忽略化学变化产生的碳排放。把钢材分为不同种类，根据1吨钢材的能源使用量进行统计计算。虽然钢材是高碳排放建材，但是回收率较高，钢筋混凝土中的钢筋难以全部回收，取40%，像型钢、钢模具回收率比较高，可达到90%，回收重新利用的钢材碳排放因子按照原钢材碳排放因子的40%计算，计算公式为：

$$钢材碳排放因子 = 钢材碳排放因子 \times （1-回收系数）+ 钢材碳排放因子 \times 40\% \times 可回收系数$$

B. 水泥

水泥制造工艺主要有三种：湿法回转窑、立窑和新型干法工艺，由于新型干法工艺所占比例越来越高，而且也是以后的发展趋势，所以本书采用新型干法工艺进行研究。水泥碳排放主要是由能源和熟料导致，1kg熟料含CaO 0.65kg，1kg熟料大概排放$0.52kgCO_2$，不同种类水泥能源耗量及碳排放因子有所不同，P·I52.5熟料含量95%，排放因子（$kgCO_2/kg$）为0.8046；P·O42.5熟料含量82%，排放因子（$kgCO_2/kg$）为0.7128。

C. 混凝土

根据对加气混凝土的生产工艺调查，$1m^3$加气混凝土的制造需要水泥70kg，砂的碳排放量和水泥比较可忽略，而粉煤灰属于工业废料，不考虑在内，耗煤量大约是47kg，耗电21kWh（电力碳排放系数采用全国平均值$0.723kgCO_2/kWh$），三者叠加得加气混凝土的碳排放因子为$129kg/m^3$。

5.1.3 碳排放模型

建筑碳排放模型分析包括：碳排放生命周期划分、生命周期各阶段碳排放比例关系和建筑碳排放核算。

1. 碳排放生命周期划分

刘军明等从规划设计（选址与节地、节材与材料利用、节能与能源利用、节水与水资源利用、能量补偿和能源循环等五个方面）、建造与施工、后期使用运营等三个方面探讨低碳建筑的评价体系。李启明等认为建筑碳排放总量包括建造阶段碳排量、使用碳排量和拆除碳排量三部分，其中建造碳排量包括材料碳排量、施工碳排量和管理碳排量。何福春等从时间和空间的角度进行低碳建筑评价，时间层面包括设计阶段、施工建造阶段、运行使用阶段、拆除回收阶段，空间层面包括建筑单体建造和使用需求而产生温室气体排放的所有空间场所，并且将建筑碳排放的空间分为直接空间（建筑单体及其附属公共空间）与间接空间（生产、运输及其他活动）。李兵认为在建筑物产品的萌芽到拆除处置整个过程中，碳排放具体包括原材料开采，建筑物材料、设备生产和构件加工制造，建筑物规划设计，建筑物施工安装，建筑物使用维护及建筑物拆除与清理六个部分。其中因为原材料开采，建筑物材料、设备生产和构件加工制造均属于建筑物材料本身所带来的碳排放，如按阶段划分可归入建筑物施工安装过程，故建筑全生命周期碳排放可以分为四个阶段进行计算，分别是：建筑物规划设计阶段碳排放、建筑物施工安装阶段碳排放、建筑物使用维护阶段碳排放和建筑物拆除清理阶段碳排放。

2. 生命周期各阶段碳排放比例

据联合国政府间气候变化专门委员会 IPCC 计算，建筑行业消耗了全球 40% 的能源，并排放了 36% 的二氧化碳。我国建筑物能耗占全社会总能耗的 25%~28%，二氧化碳排放量占全社会排放比例的 40%。在日本，此比例为 15.67%~22.69%。

尚春静等针对木结构、轻钢结构和钢筋混凝土结构这三种不同结构形式的建筑全生命周期的碳排放进行比较，结论为物化阶段的碳排放占建筑全生命周期总碳排放的比例较小，仅为 4%~7%。在建筑全生命周期的不同阶段，三种结构建筑在运营维护阶段的碳排放最多，分别占到碳排放总量的 95.86%、94.04% 和 92.83%。拆除阶段的碳排放占建筑生命周期总碳排放的比例最小，仅为 0.04%~0.07%。在能源消耗的构成比例中，一般施工阶段的能耗占 10%~15%，建材生产阶段的能耗占 50%~80%，在总能耗中所占比例最大，而且此阶段的能耗数据来源可靠性比较强。

而对于住宅建筑，无论采用何种计算方法、建筑性质、建筑寿命，以及何种原材料利用方式，其生命周期碳排放的比例是相似的，其中运行、使用和维护阶段所占的比例最大变化在 49%~96.9% 之间。此阶段的碳排放更多地集中在供暖、通风等方面，考虑到供暖方式的不同，不同建筑类型的供暖碳排放与原材料生产阶段碳排放的比较也反映了运行阶段的比例之高。而其他阶段碳排放所占的比例均较低，原材料生产阶段一般不超过 15%，住宅建筑拆除废弃所产生的碳排放也不超过 20%，由于回收利用等因素，此阶段的排放量甚至可以为较低的负值。

3. 碳排放核算及数据来源

建筑全生命周期各阶段碳排放核算公式

（1）建材开采和生产阶段

建材开采生产阶段的碳排放是指在原材料开采、建材生产时由于消耗煤、石油、天然气等化石能源和电能及生产工艺引起的化学变化而导致大量的温室气体排放。国内现有研究普遍认为，该阶段是除运营阶段之外碳排放量最大的阶段，占建筑全生命周期的10%~30%。这部分的碳排放属于建筑上游间接空间的排放，在国家或城市层面统计碳排放时把其归入工业领域，而不属于建筑范畴。我国有些学者在研究建筑碳排放时未将建材准备阶段的碳排放纳入，片面地认为建筑运行阶段的能耗、碳排放占建筑总能耗、总碳排放的绝大比例，但根据碳排放标准 PAS 2050 及 ISO 14064，应将有关供货、材料、产品设计、制造等过程融入产品的碳排放影响中，因为建材本身的碳排放在建筑全生命周期内占有一定的比例，而且建材的选择也直接影响到建筑使用阶段的碳排放，把其纳入到建筑全生命周期内，一方面更符合建筑全生命周期的理念，另一方面也可以监督建筑建造阶段对建材的选用，促进低碳建材的开发。

建材开采生产阶段碳排放计算公式（5-5）：

$$P_1 = P_{j1} = \sum_k (V_k + Q_k) \tag{5-5}$$

式中　P_1——建材开采和生产阶段碳排放量，t；

　　　P_{j1}——建材开采和生产阶段间接空间碳排放量，t；

　　　V_k——第 k 种考虑回收系数的建材碳排放因子，t/t，t/m²，t/m³；

　　　Q_k——第 k 种建材用量，t，m²，m³。

公式（5-5）中，Q 建材用量包括钢筋、混凝土等构成建筑本身的材料，也包含施工过程中所用的模板、脚手架等临时周转材料。传统现场建造模式下，关于建材用量的统计一般采用两种方法，一是查阅相关资料，如工程决算书、造价指标等，这种方法统计的数值比较精确，但是有些建筑由于时间久，数据保存等问题，一些基本数据丢失，需要进行估算；二是估算法，根据建成之后的建筑，依据建筑类型，按照体积、面积等相关指标进行估算。

（2）主要建材碳排放对建筑碳排放影响

中国能源统计资料显示，在 2000—2005 年我国总能耗、建材开采加工能耗、建筑运行能耗的情况及建筑能耗占全国能耗的比例逐年上升。建筑能耗约占全社会总能耗的 40%，运行能耗约占建筑能耗的 60%，建筑材料的能耗约占建筑能耗的 37.5%，我国的总能耗和建筑能耗、建筑材料能耗都呈增长趋势，运行能耗趋于稳定，建筑材料的能耗增长推动了建筑能耗的增长，可见建筑材料的碳排放对建筑碳排放的影响较大。

（3）建筑施工阶段

建筑施工是建筑产品生产过程中的重要环节，是建筑企业组织按照设计文件的要求，使用一定的机具和物料，通过一定的工艺过程将图纸上的建筑进行物质实现的生产过程。在这过程中会产生大量的污染（大气污染、土壤污染、噪声影响、水污染以及对场地周围区域环境的影响）与排放。建筑施工阶段主要包括建材运输、建筑施工两部分。

目前，我国对施工阶段能耗的分析较少，现有研究表明：建筑施工阶段能耗占建筑全生命周期能耗的 23%，在低能耗建筑中甚至高达 40%~60%。其中，建材运输能耗的大小主要由建筑材料的种类和数量、生产地到施工现场的距离、运输方式和运输工具等决定，通常是建材生产能耗的5%~10%。建筑施工过程能耗包括机械设备耗能以及各施工工艺的燃烧消耗等，其大小主要由建筑材料的用量和种类、建筑结构形式、施工设备和施工方法等决定。

对于施工阶段的能源消耗国内的研究目前还比较缺乏，实际工程的施工能耗数据也不易获得。根据相关文献的统计分析，对于施工阶段的清单计算主要有四种方法：投入产出法、现场能耗实测法、施工程序能耗估算法和预决算数量估算法。如果有耗能数据，则根据各施工工艺量乘以相应的碳排放因子，便可以求和得到该阶段碳排放总量。在没有耗能数据时，如果知道施工费用，可以使用投入产出法。若两种方法都不能使用，则可以使用台湾学者张又升根据现场实测能耗总结出的简化公式进行估算。

建筑施工阶段碳排放的计算见公式（5-6）：

$$P_2 = P_{i2} + P_{j2} \tag{5-6}$$

式中　P_2——建筑施工阶段碳排放量，t；

P_{j2}——建筑施工阶段间接空间碳排放量，t；

P_{i2}——建筑施工阶段直接碳排放量，t。

（4）建筑使用和维护阶段

建筑使用和维护阶段的碳排放包括使用阶段与更新维护阶段两大部分。

使用阶段：使用阶段的碳排放主要来源于空调的使用耗电、照明耗电、电梯的使用以及热水供应、采暖等。其中建筑物由于用途和结构的不同可以分为住宅类和商业类，对于住宅建筑而言，采暖和空调、照明在总的碳排放比例中占65%，为主要构成部分，热水供应占15%，电气设备占14%，其余占6%；而对于商业类公共建筑，其使用阶段的碳排放主要来源于空调系统和照明用电，能源消耗大，通常占建筑生命周期的80%以上，即使是对于能源使用效率极高的建筑，在使用阶段的耗能也高达50%~60%。此处需要注意的是，对于建筑物而言，在使用阶段所产生的碳排放不包括其内部电器、家电等的能源消耗，例如电视机在使用过程中产生的碳排放就不能够包括在内。

而该阶段的总能耗就由各部分的分项能耗以及建筑使用年限决定。对于建筑的使用年限，以往研究中的建筑年限取值范围为35~100年，在通常研究中取建筑的使用年限为50年，这一取值与我国一般建筑物的设计寿命相当。

更新维护阶段：更新维护阶段能耗是指在建筑物使用阶段的维护和修缮活动中涉及的能耗。在建筑物运行过程中，因部分材料或构件达到自然寿命需要对其更新或维护。需要更换时，维护阶段的碳排放计算与建筑物材料的生产加工以及运输的碳排放计算相似，最终可以转化成运输能源的碳排放和相应材料的碳排放。

更新维护阶段的数据主要有两种来源：实际运行的监测数据，使用能耗分析软件进行模拟估算。通过实测法获得的数据，需要有比较完备的能耗分项统计系统，同时需要较高的管理水平，才能确保其完整及准确性，虽然实测法能够反映建筑真实的能耗情况，但统计工作量大,数据收集较困难,且结果因不同使用者的用能习惯不同而有主观差异;而通过模拟方法得到的能耗数据并非建筑的实际能耗水平,一方面受到模拟软件的约束,比如各种输入条件对于最后的模拟结果有影响,另一方面,建筑的实际运营情况可能与模拟输入条件有差别,比如实际的入住率等,但此种方法计算过程简洁明晰,易操作,适于建筑设计阶段对建筑使用环节碳排放的预测,对低碳减排更具指导意义。

建筑使用和维护阶段碳源包括:建筑设备及其附属设备直接排放的温室气体、建筑设备生产时排放的温室气体、建筑所用能耗产生的温室气体、建筑维护碳排放、建筑用地的碳汇,以及水处理产生的碳排放等。建筑使用和维护阶段与建筑类型关系密切,例如:民用建筑和办公建筑的室内设备和 HVAC 系统(采暖通风与空调)是完全不同的。这里核算的有关设备只是为维持建筑基本功能的那些设备。

关于建筑用能导致的碳排放需要进行简要说明,建筑能耗导致的碳排放分为直接排放和间接排放,建筑直接利用的煤炭、石油、天然气等化石能源导致的碳排放属于直接排放,而建筑用的电力、热水、蒸汽导致的排放属于间接排放,这里所说的热水、蒸汽专指市政部门提供,建筑内自己生产的热水、蒸汽属于直接排放。

建筑使用和维护阶段碳排放的计算见公式(5-7):

$$P_3=P_{i3}+P_{j3} \tag{5-7}$$

式中 P_3——建筑使用和维护阶段碳排放量,t;

P_{j3}——建筑使用和维护阶段间接空间碳排放量,t;

P_{i3}——建筑使用和维护阶段直接碳排放量,t。

建筑化石燃料消耗导致的碳排放是由采暖系统、制冷系统、热水加热系统导致的,采暖系统包括:小型锅炉房、家庭自主采暖设备等,集中供热系统属于间接排放;制冷系统包括小型用户的家用空调、大型中央空调及其附属设备,这些设备的共同特点都是以化石能源为动力,直接排放温室气体。

(5)建筑拆除和回收阶段

建筑拆除和回收阶段指废弃建筑在拆除过程中的现场施工、场地整理以及废弃建筑材料和垃圾的运输和处理等过程。建筑拆除和回收阶段的碳源包括三个方面:

建筑拆除解体阶段:传统建造方式下,建筑拆除能耗主要与拆除作业的机器设备、施工工艺和拆除数量有关。由于建筑物结构的不同,拆除方法也各异,但都需要大量的人力与机具配合。以最常见的钢筋混凝土结构建筑为例,包括搭建脚手架、拆除装潢与铝合金门窗、拆除砖墙、分离砖石与混凝土、用大型器械拆除混凝土框架等,由此可见,拆除过程中的碳排放来自各种拆除工法与机具的能耗,大致包括破碎/构件拆除工艺、开挖/移除土方、平整土方、起重机搬运等。

废弃物搬运及处理阶段:主要是对拆除后的材料进行分类(分类出金属、钢筋、铝合金门窗、废弃的砖瓦混凝土、木质材料、塑料、玻璃等)、装载清运、处理。碳排放源自搬运、运输工具、各类废弃物处理设备等耗用能源产生的碳排放。

废弃物回收再利用阶段：废弃物可以通过再利用、再循环、焚烧等方式回收。回收利用能避免二次污染，缓解建材供应紧张，降低能耗减少碳排放。但其碳排放也不可避免，其碳排放主要源自再生材料以及设备耗能产生的碳排放。现阶段的研究对于建筑工程拆除后的废弃物利用还不是很明确，只有一部分材料在研究中得到相对准确的再利用数据。如对于废钢铁，每 1 万吨废钢铁，可以炼出 9000 吨优质钢，这能够节约能源达到 60%；铝的再生也只需要消耗不到电解铝生产的 5% 的能源。除此之外，具备可再生性的材料还有建筑玻璃、木材、铝合金型材等。建筑拆除及回收阶段的实际能耗数据不易获得，并且，以往研究的案例很少能够真正涉及拆除过程。在实际数据不易获得的情况下，通常只能根据已有的一些研究成果进行估算，如有研究表明，建筑在拆除阶段的能源消耗大约占到施工过程能耗的 90%，可以根据这一比例进行估算，相应的碳排放量则与该阶段的能耗和单位能耗的碳排放量有关。张又升也研究了建筑拆除阶段的碳排放与建筑层数的拟合关系，可以作为估算该阶段能耗和碳排放的另一个方法。但实际上，大部分研究对这个阶段的能耗和碳排放计算进行了忽略，因为从建筑全生命周期的角度来看，这个过程的能耗和碳排放所占的比例非常小。如：台湾地区有研究资料表明，对于钢筋混凝土建筑，拆除阶段的能耗只占建筑全生命周期总能耗 0.18%；林波荣对 97 个典型案例的碳排放数据进行了深入分析和总结，发现住宅建筑的建造施工和拆除施工过程的能耗占建筑全生命周期总能耗比例平均只有 0.44%，公共建筑平均只有 0.46%。因此，综合考虑计算的可行性和所占比例的大小，对于建筑拆除和回收阶段的碳排放在目前的研究和计算中考虑忽略。

建筑拆除和回收阶段碳排放的计算如公式（5-8）所示：

$$P_4 = P_{i4} + P_{j4} \tag{5-8}$$

式中　P_4——建筑拆除和回收阶段碳排放量，t；

　　　P_{j4}——建筑拆除和回收阶段间接空间碳排放量，t；

　　　P_{i4}——建筑拆除和回收阶段直接碳排放量，t。

各阶段碳排放计算模型基本原理是"碳排放量 = 活动数据 × 排放因子"为基础，获得来源于分活动分燃料品种的能源消费量和相应的排放因子等相关数据后，首先求得各阶段的碳排放量，最终求和即可。

5.2　住建领域碳排放核查

5.2.1　核查的重要性和必要性

碳排放核查是由第三方核查机构对具体企业在某一时期内的温室气体排放量进行事后的独立检查和判断。通过第三方核查机构的核查工作，可以确保排放单位的温室气体排放报告报送符合核算指南要求，确保温室气体排放数据真实有效、客观公正，是确定排放单位排放基数、国家发展改革委完成配额分配及履约工作的有力保障。第三方核查是一个独立、客观的过程。一般情况下，核查的目的在于判断重点排放单位以下几个方面是否实施到位，并且满足相关要求：

（1）温室气体核算和报告的职责、权限是否已经落实；

（2）排放报告及其他支持性文件是否完整可靠，是否符合适用的核算与报告指南的要求；

（3）测量设备是否已经到位，测量是否符合现行的核算和报告指南及相关标准的要求；

（4）根据适用的核算与报告指南的要求，对记录和存储的数据进行评审，判断数据及计算结果是否真实、可靠、准确。

从各交易试点公布的配额分配方式来看，企业的历史排放水平是其所获得配额的一个重要的基数。企业的排放数据必须经过第三方核查机构核查后才能作为政府配额分配的依据。而在排放总量设限后，排放权将成为一种稀缺的商品，具有交易价值，能在排放权交易市场上进行交易。企业超额减排形成碳资产，达不到要求则形成碳负债，就需要去碳交易市场购买减排额度。企业在节能减排和技术升级上的投入，都可以形成潜在的碳财富，理论上都可以变现。但前提是企业必须摸清自己的碳资产情况，并按照成本收益的比较对碳资产的使用统一安排，确立企业的碳资产管理策略。

因为由企业对自身的温室气体排放数据进行统计并公开，缺少透明度和公信力，而由第三方核查机构开展温室气体排放核查，不仅可以对企业自身温室气体排放报告结果进行验证，还有效地保证了温室气体排放报告数据的相关性、完整性、一致性、准确性和透明性。从目前七个试点省市和其他省市的实际操作来看，所有的控排企业温室气体排放报告都需要接受政府指定的第三方机构的核查。对控排企业而言，第三方机构开展温室气体排放核查是必经的年度工作，是应对国际壁垒、增强绿色竞争力的需求，是提升企业自身社会责任感和品牌建设的重要手段。

5.2.2 核查的流程

为确保核查工作客观独立、诚实守信、公平公正、专业严谨地完成，国家发展改革委发布了《全国碳排放权交易第三方核查参考指南》（以下简称核查指南），用以指导第三方核查机构开展温室气体排放核查工作。根据核查指南，核查活动主要包括三个阶段，即准备阶段、实施阶段和报告阶段。

核查共有8个步骤，核查机构应根据核查指南的要求，按照步骤实施核查活动。核查协议签订之前，核查机构需要对核查工作实施的可行性进行评估，主要从资质、资源和可能存在的利益冲突三方面开展评估。

资质指的是核查机构需要评估被授予资质的行业领域是否涵盖了重点排放单位的行业，核查机构是否有数量足够的具备该行业领域资质的核查员。资源指的是核查机构需要评估重点排放单位的规模及排放设施的复杂程度与自身时间和人力资源安排是否匹配，能否保证核查任务按时按量保质完成。利益冲突指的是核查机构需要评估重点排放单位与自身是否存在利益冲突，必要时可以采用重点排放单位出具的无利益冲突证明函作为证据。

核查机构在完成上述评估后确认是否与委托方签订核查协议。核查协议内容可包括核查范围、应用标准和方法、核查流程、预计完成时间、双方责任和义务、保密条款、核查费用、协议的解除、赔偿、仲裁等相关内容。

（1）核查准备。核查机构应在与委托方签订核查协议后选择具备能力的核查组长和核查员组成核查组并进行分工；与核查委托方和/或重点排放单位建立联系，并要求核查委托方或重点排放单位在商定的日期内提交温室气体排放报告及相关支持文件。核查机构还应进行核查策划。

（2）文件评审。包括对重点排放单位提交的温室气体排放报告和相关支持性材料的评审。通过文件评审，核查组初步确认重点排放单位的温室气体排放情况，并确定现场核查思路、识别现场核查重点。文件评审工作应贯穿核查工作的始终。

（3）现场核查。核查组应对现场的设施进行观察，与相关人员进行交流，通过"查、问、看（设施）、验"的方法进一步判断排放报告的符合性，并将在文件评审、现场核查过程中发现的不符合项提交给委托方和重点排放单位。

（4）核查报告编制。确认不符合项关闭后或者30天内未收到委托方或重点排放单位采取的纠正和纠正措施，核查组应完成核查报告的编写。核查报告应当真实、客观、逻辑清晰，并采用核查指南附件一所规定的格式和内容。

（5）内部技术评审。核查报告在提供给委托方和/或重点排放单位之前，应经过核查网内部独立于核查组成员的技术评审，避免核查过程和核查报告出现技术错误。核查机构应确保技术评审人员具备相应的能力、相应行业领域的专业知识及从事核查活动的技能。

（6）核查报告交付。只有当内部技术评审通过后，核查机构方可将核查报告交付给核查委托方或重点排放单位，以便于重点排放单位于规定的日期前将经核查的年度排放报告和核查报告报送至其注册所在地的省市级碳交易主管部门。

（7）记录保存。核查机构应以安全和保密的方式保管核查过程中的全部书面和电子文件，保存期至少10年，保存文件包括：与委托方签订的核查协议、核查活动的相关记录表单（如核查协议评审记录、核查计划、见面会和总结会签到、现场核查清单和记录等）、重点排放单位温室气体排放报告（初始版和最终版）、核查报告、核查过程中从重点排放单位获取的证明文件、对核查的后续跟踪（如适用）、信息交流记录（如与委托方或其他利益相关方的书面沟通副本及重要口头沟通记录、核查的约定条件和内部控制等内容）、投诉和申诉以及任何后续更正或改进措施的记录。

在实际温室气体排放核查过程中，核查准备、文件评审、现场核查以及核查报告编制尤为重要。

1. 核查准备

核查机构在充分考虑被授予资质的行业领域、核查员的资质与经验、时间与人力资源安排、重点排放单位的行业、规模及排放设施的复杂程度、与核查委托方或重点排放单位可能存在的利益冲突等因素的基础上与核查委托方签订协议后即可进行核查准备。核查准备的充分与否决定了后续核查工作是否深入以及核查工作开展是否顺利。在核查准备阶段，核查机构需要完成的任务主要有以下 3 件。

（1）组成核查组，并进行核查分工

核查机构应根据备案核查员的专业领域、技术能力与经验，重点排放单位的性质、规模及经营场所等确定核查组，核查组至少由两名成员组成，其中一名为核查组长，至少一名为专业核查员。核查组长负责确定核查组的任务分工。在确定任务分工时，核查组长将考虑重点排放单位的技术特点、复杂程度、技术风险、设施的规模与位置以及核查员的专业背景和实践经验等方面的因素。

（2）与核查委托方建立联系

由核查组长负责与核查委托方建立联系，发送核查所需文件资料清单（包括温室气体排放报告及相关支持文件），并要求核查委托方和（或）重点排放单位在规定的日期内提交。

（3）进行核查策划

核查组长在与核查委托方相关人员联络并获知相关信息的基础上，考虑核查组员的时间、专业背景和实践经验等情况，进行核查策划。

核查策划的主要内容包括但不限于：

1）核查工作的整体安排，即核查工作各阶段的时间与人员安排，包括文件评审、现场核查、核查报告编制、内部技术评审所需的时间和人员。例如：对某重点排放单位的文件评审需要 5 人/天、现场核查需要 5 人/天、核查报告编制需要 7 人/天、内部技术评审需要 1 人/天。

2）文件评审的时间和人员安排（如组员甲和组员乙参与文件评审，文件评审时间为某月某日—某月某日）。

3）现场核查的时间和人员安排（如组长和全体组员计划在某月某日—某月某日进行现场核查）。

4）根据核查员的专业背景匹配工作。如对水泥行业进行核查时，具备水泥行业资质的核查员安排进行熟料生产线的现场观察并与重点排放单位的专业技术人员进行交流。

2. 文件评审

核查机构要求核查委托方提供的文件应包括但不限于以下内容：

（1）营业执照；

（2）工艺流程图；

（3）场所数量及分布情况；

（4）排放设施数量及分布情况；

（5）企业能源台账、能源审计报告；

（6）化石燃料、电力及原材料消耗数据，包括生产日报表、生产月报表、台账记录及相应的结算单、发票等凭证；

(7)能源计量器具一览表、校准报告、设备更换维修记录;

(8)企业上报统计局的能源统计报表;

(9)燃料的低位发热值、单位热值含碳量、碳氧化率的监测数据(如果有)。

为了确保核查工作的有序实施,核查机构必须在现场核查前对受核查方提供的相关资料进行详细的文件评审。包括对项目边界描述、温室气体排放源识别、活动水平数据的收集、排放因子的选择、温室气体排放量化方法以及其他相关支持性材料的评审;将温室气体排放报告中提供的数据和信息与其他可获得的信息来源进行交叉核对;初步判断排放报告的合理性;识别现场查询的重点。文件评审的要点如下:

(1)受核查方的基本信息是否准确;

(2)主要工艺流程或过程、主要产品和服务是否完整;

(3)排放报告中数据和信息的完整性;

(4)核算边界和排放设施的信息是否正确;

(5)活动水平数据和排放因子的获取方式是否正确;

(6)监测计划是否合理;

(7)监测设备基本信息是否正确;

(8)排放量计算公式是否正确,计算结果是否无误;

(9)历年排放量是否存在异常波动和趋势;

(10)如果设施和场所较多,初步确定现场访问的抽样,对于满足数据抽样条件的,核查过程中可以按照核查指南实施;

(11)初步判断排放报告中可能出现的错误内容。

核查组应将文件评审的结果形成内部记录,作为下一步制定现场核查计划和抽样计划的参考资料。

3. 现场核查

核查组在文件评审完成后,应明确现场核查的重点和任务分工,制定核查计划、抽样计划,并确认现场查看的资料清单。

(1)制定现场核查计划

核查组在制定现场核查计划时应参考文件评审的结果,对核查目的与范围、核查的活动安排、核查组的组成、访问对象及核查组的分工等列出计划。核查组在文件评审阶段发现的"不符合"或者可能出现错误的内容应当作为现场核查的重点。核查组应于现场核查前5个工作日将现场核查计划发送给重点排放单位并进行确认。

(2)确定抽样计划

抽样计划的制定也应基于文件评审的结果。抽样计划分为两种,一种是相似场所的抽样,另一种是大量数据的抽样。两种抽样的方法分别如下:

1)相似场所抽样方法,仅当各场所的业务活动、核算边界、排放设施以及排放源等相似且数据质量保证和质量控制方式相同时,方可采取抽样的方式。当重点排放单位存在多个相似现场时，应考虑现场的代表性、核查工作量等因素，制定抽样计划，抽样的规模应是所有相似现场总数的平方根（$y=\sqrt{x}$），数值取整时进 1；当存在超过 4 个相似场所时，当年抽取的样本与上一年度抽取的样本重复率不能超过总抽样量的 50%；当抽样数量较多，且核查机构确认重点排放单位内部质量控制体系相对完善时，现场核查场所可不超过 20 个。抽样时尽量选择有特殊性和代表性的场所作为样本，如排放量占比大、排放设施较多、存在新增设施或既有设施退出的场所。

2）大量数据抽样方法，当每个活动数据或排放因子涉及的数据数量较多时，可考虑抽样核查；抽样数量的确定应充分考虑重点排放企业对数据内部管理的完善程度、数据风险控制措施以及样本的代表性等因素。国家的核查指南中没有给出大量数据抽样的具体比例，根据北京试点的经验，建议当每个活动数据或排放因子涉及的数据量较多且每个排放设施（单个和组合）或计量设备计量的能源消耗导致的年度排放量低于重点排放单位年度总排放量的 5% 时，核查机构可以采取抽样的方式对数据进行核查，其中对月度数据、记录采用交叉核对的抽样比例不低于 30%。若抽样的场所或者数据样本中发现不符合，应考虑不符合的原因、性质以及对核查结论的影响，判断是否需要扩大抽样数量或将样本覆盖到所有的场所和数据。国家核查指南中没有对样本扩大比例进行定量说明，根据北京试点的经验，扩大抽样的比例为不低于 20%；如扩大抽样仍然存在不符合，则扩大至 80%~100%。

3）确定现场需要评审的资料清单，文件评审应该贯穿于整个核查过程。核查组应在现场核查之前把排放单位在文件评审阶段可能不方便或者不能及时提供的资料清单与核查计划、抽样计划一并发给排放单位并要求其在现场核查时完整地提供。

需要查看的资料清单也可以在现场核查过程中增删，且应尽量减少排放单位在现场核查过程中收集资料的时间，这样可以有助于确保现场核查计划执行的效率。在确定现场需要查看的资料清单时，核查组应注意以下内容：

1）根据排放单位的实际情况确定资料清单，不能照搬其他排放单位的资料清单；

2）按照排放单位的基本信息、核算边界、排放设施、活动水平数据、排放因子、监测计划及内部质量管理等内容分类确定核查所需资料清单；

3）资料清单中列出的每一项资料尽量明确表述，便于排放单位提前准备。

（3）确定现场访问的程序核查组应根据文件评审结果、核查计划及抽样计划实施现场核查。现场核查可按照首次会议、现场信息收集与验证、核查组内部沟通会议及末次会议四个步骤展开。

1）首次会议：首次会议由核查组长组织召开，参加人员包括核查组全体成员以及排放单位主要负责人，生产、统计、财务、设备等相关部门的人员。

首次会议包括的主要内容如下：

①签到；

②介绍核查团队；

③核对排放单位信息；
④介绍核查目的；
⑤介绍现场核查计划；
⑥介绍在何种情况下，核查组将开具核查发现；
⑦核查组需要排放单位提供的必要支持，请排放单位提示现场走访的危险区域及走访规则；
⑧介绍保密协议和申投诉处理规程；
⑨征求排放单位同意现场拍照取证；
⑩询问排放单位是否还有其他问题；
⑪请排放单位简要介绍公司和生产流程。

2）现场信息收集与验证：这是整个现场核查过程中最重要的环节，重点在于验证排放源的完整性和排放数据的准确性。核查组成员按照现场核查计划的安排，通过面谈、查阅文件、现场观察等方式，收集并验证相关信息。内容主要如下：

①在排放单位相关人员的陪同下走访厂区，核查组织范围与边界的确定，包括地理和多场所信息，涵盖的设施和排放源，并将排放报告中涉及的所有排放源及计量仪表拍照取证，确定有无遗漏的排放源；
②检查文审阶段存在的问题并跟踪解决；
③检查企业实际监测与监测计划是否符合；
④检查企业温室气体排放和清除的量化过程的正确性，包括量化方法学的选择、活动数据的收集及追溯（包括数据的监测、记录、汇总和保存的全过程，确认不当的数据收集过程带来的风险）、排放因子选择的合理性以及出处，采用交叉核对的方法对数据进行验证；
⑤检查企业计量仪表的安装、使用和校准情况；
⑥现场审核重要排放源的排放状况及温室气体排放数据质量管理情况；
⑦确认企业温室气体排放报告是否符合核算指南的要求。

3）核查组内部沟通会议：针对检查资料清单进行检验，完成资料清单内容，针对检查结果进行汇总，形成检查结论。

4）末次会议：末次会议由核查组长组织召开，参加人员包括核查组全体成员以及排放单位主要负责人，生产、统计、财务、设备等相关部门的人员。

末次会议包括的主要内容如下：
①签到；
②感谢受核查企业的积极配合；
③展示核查结果（各类排放源有哪些、活动水平数据和排放因子的来源及交叉核对所用的证据）；
④告知受核查企业核查中发现的不符合项，详见本节（4）不符合、纠正及纠正措施，

以及整改方法（核查组和排放单位应就有关核查发现的不同意见进行讨论，能现场关闭的就现场关闭，不能现场关闭的请企业后续提供材料）；

⑤告知企业核查机构内部还有技术评审，在内部技术评审阶段有可能还会提出不符合项；

⑥询问企业是否还有其他疑问。

（4）不符合、纠正及纠正措施

现场核查实施后核查组应将在文件评审、现场核查过程中发现的不符合提交给委托方或重点排放单位。核查委托方和／或重点排放单位应在双方商定的时间内采取纠正和纠正措施。核查组应至少对以下问题提出不符合：

1）排放报告采用的核算方法不符合核查准则的要求；

2）重点排放企业的核算边界、排放设施、排放源、活动数据和排放因子等与实际情况一致；

3）提供的符合性证据不充分、数据不完整或在应用数据或计算时出现了对排放量产生的影响错误。

重点排放单位应对提出的所有不符合进行原因分析并进行整改，包括采取纠正及纠正措施并提供相应的证据。核查组应对不符合的整改进行书面验证，必要时，可采取现场验证的方式。只有对排放报告进行了更改或提供了清晰的解释（或证据）并满足相关要求时，核查组方可确认不符合项的关闭。

4. 核查报告编制

确认不符合关闭后或者30天内未收到委托方和／或重点排放单位采取的纠正和纠正措施，核查组应完成核查报告的编写。核查组应根据文件评审和现场核查的核查发现编制核查报告，核查报告应当真实、客观、逻辑清晰，并采用所规定的格式，主要包括以下内容：

（1）核查目的、范围及准则

（2）核查过程和方法

（3）核查发现，包括：

1）重点排放单位基本情况的核查；

2）核算边界的核查；

3）核算方法的核查；

4）核算数据的核查，其中包括活动数据及来源的核查、排放因子数据及来源的核查、温室气体排放量以及配额分配相关补充数据的核查；

5）质量保证和文件存档的核查。

（4）核查结论

核查组应在核查报告里列出核查活动中所有支持性文件，在有要求的时候能够提供这些文件。核查组应在核查报告中出具肯定的或否定的核查结论。只有当所有的不符合关闭后，核查组方可在核查报告中出具肯定的核查结论。核查结论应至少包括以下内容：

1）重点排放单位的排放报告与核算方法与报告指南的符合性；

2）重点排放单位的排放量声明，应包含按照指南核算的企业温室气体排放总量的声明和按照补充报告模板核算的设施层面二氧化碳排放总量的声明；

3）重点排放单位的排放量存在异常波动的原因说明；

4）核查过程中未覆盖的问题描述。

5.2.3 核查要求

核查机构在对每个方面进行核查时掌握的方法不同，核查的要点也不相同。主要在5个方面进行核查：基本情况核查、核算边界的核查、核算方法的核查、核算数据的核查及质量保证和文件存档核查。

1. 基本情况核查

依据《企业温室气体排放报告核查指南（试行）》，对重点单位基本情况的核查要求和核查方法主要集中在重点单位的名称、单位性质、所属行业领域、组织机构代码、法定代表人、地理位置、排放报告联系人等基本信息，重点排放单位内部组织结构、主要产品或服务、生产工艺、使用的能源品种及年度能源计划统计报告情况。

2. 核算边界的核查

核算边界的核查要求：是否以独立法人或视同法人的独立核算单位为边界进行核算；核算边界是否与相应行业的核算方法和报告指南或标准以及备案的监测计划一致；纳入核算和报告边界的排放设施和排放源是否完整；与上一年度相比，核算边界是否存在变更。核查机构对重点排放单位核算边界进行核查时需要特别注意以下内容。

（1）排放报告中所描述的地理边界是否存在遗漏。如企业的法人机构地理位置、注册地址以外还有其他区域，也应纳入核算边界。

（2）地理边界内是否存在其他企业法人，如有，在核查报告中清晰说明企业名称，并明确其不纳入核算边界。

（3）通过现场走访检查排放设施信息及运行情况，并查阅企业近期能源审计报告、重点能耗设备清单等文件资料，判断设施边界与相应行业核算方法与报告指南要求的符合情况。

（4）确认每一个排放设施的基本信息，包括设施名称、型号和物理位置是否与现场一致。

（5）确认每一个排放源（包括化石燃料燃烧排放、过程/特殊排放、排放扣除、外购电热隐含排放）是否与现场一致，是否有遗漏。

（6）若有既有设施退出和新增设施投产，需要在核查报告中清晰地描述。分为3种情况：a.新增排放设施；b.替代既有设施的新增设施；c.既有设施退出。通过现场走访及查阅设备采购安装记录、固定资产设备处置记录等资料，对新增设施和既有设施退出产生的边界变化进行核查。

3. 核算方法的核查

确定核算方法符合相应行业的核算方法和报告指南以及备案的监测计划的要求；对任何偏离核算方法和报告指南要求的核算都应在核查报告中予以详细的说明。核查机构对重点排放单位核算方法进行核查时需要特别注意从两个层次分别判断核算方法的符合性。

第一层次：监测计划与相应行业核算方法与报告指南的符合性。

第二层次：重点排放单位实际执行情况与监测计划的符合性。

必须两个层次的符合性都满足才能下结论说重点排放单位的核算方法满足核算方法与报告指南的要求。另外，对任何偏离指南要求的核算都应在核查报告中予以详细说明。

4. 核算数据的核查

核算数据的核查分为活动数据及来源的核查、排放因子及来源的核查、排放量的核查和配额分配补充数据的核查4个部分。

（1）活动数据及来源的核查

根据《企业温室气体排放报告核查指南（试行）》，确定对重点排放单位活动数据及来源的核查要求和核查方法。核查要求对每一个活动数据的来源及数值进行核查，核查的内容包括活动数据的单位、数据来源、监测方法、监测频次、记录频次、数据缺失处理（如适用）等内容，并对每一个活动数据的符合进行报告。如果抽样，详细报告样本选择的原则、样本数量以及抽样方法等内容。如果使用了监测设备，应核查对设备的维护和校准，如果没有及时校准和维护，排放量核算的处理结果不应导致配额的过量发放。

（2）排放因子及来源的核查

核查技术工作组应依据核算指南对重点排放单位排放报告中的每一个排放因子和计算系数（以下简称排放因子）的来源及数值进行核查。如果排放因子采用默认值，技术工作组应确认默认值是否与核算指南中的默认值一致。如果排放因子采用实测值，技术工作组至少应对排放因子的单位、数据来源、监测方法、监测频次、记录频次、数据缺失处理（如适用）等内容进行核查，并对每一个排放因子的符合性进行报告。如果排放因子数据的核查采用了抽样的方式，技术工作组应在核查报告中详细报告样本选择的原则、样本数量以及抽样方法等内容。

如果排放因子数据的监测使用了监测设备，技术工作组应采取与活动数据监测设备同样的核查方法。

在核查过程中，技术工作组应将每一个排放因子数据与其他数据来源进行交叉核对，其他的数据来源可包括化学分析报告、IPCC默认值、省级温室气体清单指南中的默认值等。当排放因子采用默认值时，可以不进行交叉核对。

（3）排放量的核查

核查要求：对分类排放量和汇总排放量的核算结果进行核查。报告排放量计算公式是否正确、排放量的累加是否正确、排放量的计算是否可再现、排放量的计算结果是否正确。

核查方法，重复计算：请排放报告编写人员现场演示计算过程（如需要）。验证公式，查阅排放报告中的公式关联。利用 Excel 表格验算。与年度能源报告结果交叉核对。

核查机构对排放报告中采用的排放量计算公式进行检查，判断其是否符合相应行业核算方法与报告指南的要求。对于有填报系统的省份来说，计算公式已被嵌入填报系统中，因此一般不会出现计算和累加的错误。核查机构主要需要核查活动数据和排放因子的单位是否与嵌入公式的单位相匹配，避免由于单位不匹配造成的排放量计算错误。另外，排放量数据会在核查报告中多处出现（例如：排放量的核查部分和核查结论部分），核查机构需确保数据的一致性。

（4）配额分配补充数据的核查

除核算方法与报告指南要求报告的数据之外，核查机构应对每一个配额分配相关补充数据进行核查，核查的内容至少应包括数据的单位、数据来源、监测方法、监测频次、记录频次、数据缺失处理（如适用）等内容，并对每一个数据的符合性进行报告。如果配额分配相关补充数据的核查采用了抽样的方式，核查机构应在核查报告中详细报告样本选择的原则、样本数量以及抽样方法等内容。

如果配额分配相关补充数据已经作为一个单独的活动数据实施核查，核查机构应在核查报告中予以说明。

在核查过程中，核查机构应将每一个数据与其他数据来源进行交叉核对。

第6章 碳排放权交易

6.1 碳排放权交易基础

6.1.1 原理和机制

各国在应对气候变化过程中，主要通过综合运用两类政策工具达到温室气体减排目标，一是行政命令与控制手段，如法规、标准和行政命令等。二是经济与市场调节手段，如税收、交易机制和金融调节工具等。1997年签订的《京都议定书》使包括二氧化碳在内的温室气体的排放行为受到限制，导致碳排放权变得稀缺，从而催生了全球的碳交易市场和碳排放权交易。碳排放权交易机制是为各国经验所证实的能够以最优成本方式实现碳排放控制目标的市场机制，也是我国实现"双碳"目标的重要机制。

碳排放权交易机制是基于减排单位、减排成本的差异，通过交易的方式，使减排成本低、排放低于限额的企业将多余配额销售给减排成本高、排放超出配额的企业，从而以最低的社会成本达到同样的减排目标。碳排放权交易机制的实质是为实现减排目标提供一种可供选择的社会成本最低的达标手段，是一种基于市场化的节能减排激励手段，是对强制性政策工具的有益补充，为实现政策目标提供更大的灵活性和弹性。

碳交易的理论依据来源于科斯定理及由此衍生出的"总量与交易"（Cap and Trade）理论。科斯定理认为，只要产权界定清楚，人们就可以有效地选择最有利的交易方式，使交易成本最小化，从而通过交易来解决各种问题。如果把温室气体排放视为一种归属明确的权利，则可以在自由市场上对这一权利进行交易，从而将社会减排成本降为最低。"总量与交易"理论提出，政府根据环境容量及稀缺性理论设定污染物排放上限（总量），并以配额的形式分配或出售给排放者，作为一定量特定排放物的排放权。

1968年，美国经济学家戴尔在此基础上率先提出了排放权交易体系（ETS）的设计，其最初的成功应用是在排污权交易方面。1997年12月，《联合国气候变化框架公约》的第一个附加协议——《京都议定书》获得通过，议定书决定将ETS作为解决温室气体减排问题的新路径，确立了国际排放贸易机制（IET），联合履约机制（JI），清洁发展机制（CDM）三种碳交易机制。最早的碳交易市场是国际市场，碳交易机制的设立是为了从国际层面上实现配额的流通，帮助各国协同应对气候变化问题。后来才逐渐有了区域和全国层面的碳交易市场。碳交易机制分类见图6-1。

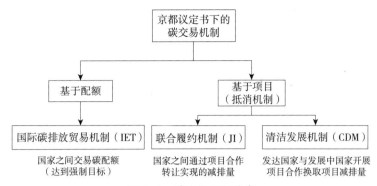

图 6-1 碳交易机制分类

6.1.2 碳交易市场

碳交易市场一般指碳排放权交易形成的市场，大致可分为强制碳配额交易市场和自愿碳交易市场，前者以配额（碳排放许可）为基础产品，还可纳入抵消单位（核证减排量）和衍生品交易，可以进一步划分为基于配额的碳交易和基于项目的碳交易。后者是没有强制减排任务的主体自愿购买项目减排量以实现自身碳中和所形成的市场。我们现在所说的"碳交易市场"通常是指强制碳配额交易市场。我国的"国家核证自愿减排量"（CCER）在性质上更偏向属于强制碳交易市场中的抵消单位。碳金融市场指金融化的碳交易市场。

在碳交易市场之外，一般还会有碳融资服务市场和支持服务市场，也是帮助碳定价、流转和变现的渠道。碳融资服务市场：指通过碳资产质押、回购、托管等产品与服务，为碳资产提供低风险的价值变现途径，有助于激活控排机构的配额资产，使其流转起来，同时将项目业务的未来收益权进行折现。支持服务市场：包括碳保险、碳指数等产品和服务，可以为融资服务市场的碳资产进行保险和增信，并为二级交易市场提供信息指引，成为二级市场指数化交易工具的技术基础。碳交易市场和碳金融市场内涵，如图 6-2 所示。

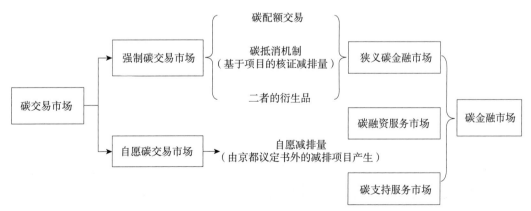

图 6-2 碳交易市场和碳金融市场内涵

具体来看,碳交易市场可以分为一级市场和二级市场。一级市场是发行市场,政府分配碳配额并核发项目减排量("抵消单位"),二者完成注册登记后,就变成了其持有机构能正式交易、履约和使用的基础碳资产。二级市场是交易市场,完成碳资产现货和碳金融衍生品的交易流转。二级市场还可分为场内交易市场和场外交易市场(OTC)两部分,前者在交易所进行规范化的交易,后者又称为柜台交易,即在交易所以外进行的各种碳资产交易活动,价格由双方协商确定。目前,全球碳交易市场中,场内交易是主流,但场外交易也占有重要地位。一级市场是二级市场的基础,其投放的碳资产种类和数量,直接决定着二级市场现货流转的规模和结构。碳交易市场的分级及其内容,如图6-3所示。

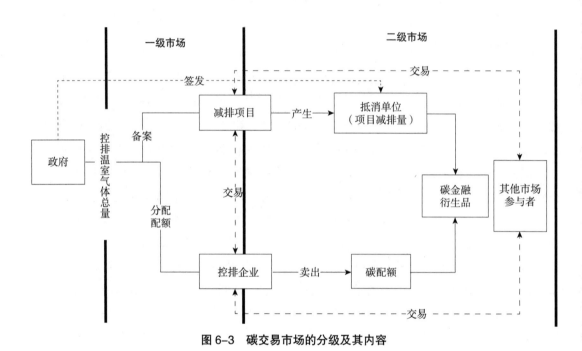

图6-3 碳交易市场的分级及其内容

6.1.3 基本要素

构成碳排放权交易体系的基本要素包括交易覆盖范围、配额分配、监测报送与核查、交易机制、清缴履约、抵消机制、管理系统,具体如图6-4所示。主管部门需结合本地区实际整合各要素,制定合理的运行方案,以让碳排放权交易体系有效运转,充分发挥碳排放权交易对于碳减排的作用。

1. 交易覆盖范围

建立碳排放权交易体系首先需要明确交易的覆盖范围,具体包括纳入交易覆盖的行业、温室气体种类、企业纳入标准等。受制于交易成本、管理行政负担等因素影响,各地区交易市场一般选取数据统计基础较好、碳排放量高且减排潜力较大的行业、企业纳入覆盖范围。现行碳排放权交易体系通常优先覆盖能源部门和能源密集型行业,典型如电力行业、

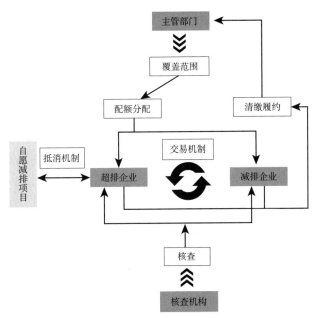

图 6-4 碳交易各基本要素构成

水泥、钢铁等高耗能企业。不同交易市场纳入的行业有所区别。欧盟将航空业纳入碳交易市场,美国区域碳交易市场只纳入了电力行业,美国加州碳交易市场纳入了工业、电力、建筑和交通行业。我国碳交易覆盖的行业包括石化、化工、建材、钢铁、有色、造纸、电力、航空等重点排放行业,2021 年以发电行业为突破口率先启动全国碳排放权交易体系。

理论上所有产生温室气体的企业都应进行碳排放权交易管理,这样才能贴合国家总体控制碳排放量的理念。但是由于企业类型多、杂,量多量少等原因,国家还是只能先对重点行业、重点企业进行管理,其他非重点排放企业根据地方要求参与地方碳排放权交易试点市场。

四种确定温室气体重点排放单位的情形:

(1)属于全国碳排放权交易市场覆盖行业并且年度温室气体排放量达到 2.6 万吨二氧化碳当量的应列入温室气体重点排放单位;

(2)省级生态环境主管部门应当按照生态环境部的有关规定,确定本行政区域重点排放单位名录;

(3)温室气体排放单位可申请纳入重点排放单位名录,并由省级生态环境主管部门进行核实;

(4)被列入重点排放单位名录的企业只有满足连续两年温室气体排放未达到 2.6 万吨二氧化碳当量或因停业、关闭或者其他原因不再从事生产经营活动,因而不再排放温室气体两种情形之一的,才能移除名录。

2. 覆盖温室气体种类

《京都议定书》中规定需要控制的温室气体种类包括:CO_2、CH_4、N_2O、PFCs、HFCs

以及SF_6。由于CO_2占到温室气体的80%以上，因此大部分碳排放权交易体系初期仅覆盖CO_2一种温室气体，而后逐渐纳入其他温室气体。

3. 企业纳入标准

为降低行政成本，碳排放权交易体系通常要求将碳排放量或排放设施产能达到某一特定限值的企业纳入其体系中。如在我国将发电行业（含其他行业自备电厂）2013—2019年任意一年排放达到2.6万吨CO_2（综合能源消费量约1万吨标准煤）及以上的企业纳入全国碳排放权交易市场；欧盟要求将玻璃制造业熔炼能力>20t/d的企业纳入其体系；美国区域温室气体减排行动（RGGI）将产能≥25MW的电力发电厂纳入其体系等。

4. 配额分配

碳排放权配额是指政府分配的碳排放权凭证和载体。1个单位配额代表持有配额的单位或个人被允许向大气中排放1吨CO_2e温室气体的权利，是碳排放权市场交易的主要标的物。

碳配额分配是指根据所设定的排放目标，由政府主管部门对纳入体系内的控排企业分配碳排放配额。配额分配是构建碳排放权交易体系的前提和关键环节，主管部门在进行配额分配时需要考虑配额总量设置、配额分配方法两方面问题。

5. 碳排放监测、报告与核查

碳排放量数据的准确性是碳排放权交易体系赖以存在的根基。主管部门需要根据控排企业碳排放量、碳排放强度等数据计算碳配额。碳排放量数据的偏差将造成配额发放的错位，降低参与方的信任度，不利于碳排放交易市场长期稳定、公平、有效运行。也因此，主管部门需要制定一套适宜的碳排放数据质量管理机制，确保碳排放数据的准确度，并实现可溯源、可核查，提升信服度。

碳排放监测、报告与核查是碳排放权交易体系数据质量管理的有效工具。其中监测是指主管部门对碳排放数据连续性或周期性的监督及测试；报告是指控排企业向主管部门提交碳排放数据以及相关文件；核查是指核查机构根据核查准则对控排企业碳排放进行系统的、独立的评价，并形成文件的过程。

6.1.4 碳价

碳交易市场形成的碳价必须要有足够的可预测性和稳定性。为了向市场传递出长期的价格信号，帮助企业更好地规划投资和低碳转型，控制排放的上限需要的是绝对数量，且限额应提前设定，并应逐步减少，碳交易体系的总量应该和该地区的总体节能减排目标相匹配。

历史法：也称祖父法，指根据控排企业的历史碳排放量确定其在总碳排放权分配中的份额，实质上会产生"鞭打快牛"效应，对高排放形成鼓励，对已经采取减排措施的企业、高成长和新进入的企业不利，但是在市场初建时使用这一方法有利于减轻来自利益团体的阻力。

基准线法：指按照行业总体，或效率最高的一定比例的企业的平均效率作为基准，乘以相应行业中各企业的历史产出及调整系数,来确定企业实际能分配到的免费配额。与"历史法"相比,更倾向于激励企业通过提高生产效率来实现减排目标,有利于促进长期环境与经济目标的协调,兼容产能扩张与新增企业。但是对数据需求量大,且也需要依据历史数据事前分配配额,具有调整的"滞后性"。

拍卖法:一般被认为是经济效率最高的分配方式,也是各大碳交易市场追求的方向。拍卖既可以增加分配过程的透明度,避免特定行业因分配不当获得超额利润,保护竞争,也最好地体现了"污染者付费"的原则,使提早实施减排措施的企业处于竞争的有利地位。此外,还可以部分改变政府和企业的信息不对称程度,有利于发现市场价格。但是由于对企业而言增加了其直接成本,因而执行阻力较大。

固定价格出售法:政府按照固定的价格将碳配额卖给企业,不是我国的主流分配方法。

政府首先确定碳交易市场覆盖的行业、温室气体范围和企业门槛,并设定出各行业所允许排放温室气体的最大量值。总量控制一旦确定,政府需要在控排企业中分配碳配额。配额可以在企业之间自由交易。每一轮交易期结束后,控排企业需要向政府缴纳与其实际碳排放等量的碳配额,以完成履约。企业可以通过减少自身排放、向其他企业购买额外配额,或者使用经核证的国内外碳抵消项目产生的抵消单位,来完成碳交易市场设定的管控任务。需要明确的是,立法保障,科学的监测、报告与核查(MRV)机制,以及强有力的惩罚机制是碳交易市场能有效运行的基础。

6.1.5 碳交易现状

1. 规模现状

上海环境能源交易所披露的每日成交数据显示,截至 2022 年 7 月 15 日,全国碳交易市场共运行 242 个交易日,全国碳交易市场碳排放配额(CEA)累计成交量 1.94 亿吨,累计成交额 84.92 亿元,成为同期全球规模最大的碳现货市场。

世界银行报告显示,在中国全国碳交易市场启动之前,欧盟碳排放交易市场一直是全球规模最大、最成熟的碳排放权交易市场,金融化程度较高。美国没有全国统一的碳交易市场,仅在州一级建立了区域性碳交易市场。国际公约和区域立法的强制性总量控制目标生成了碳交易一级市场,推动二级市场发展。

我国试点城市中,除福建省为 2016 年年底运行外,其余省市均为 2013 年、2014 年启运。体现在成交总量上,广东、湖北累计成交量较高,深圳、上海、北京其次,天津、重庆较低,福建因运行时间短,交易总量最低。截至 2021 年年底,试点碳交易市场配额现货累计成交量达 5.26 亿吨,成交额 128.4 亿元,包括线上、线下及拍卖交易量,具体如图 6-5 所示。

全国碳交易市场正式开盘交易,开盘价由主管部门设定为 48 元/吨 CO_2,全国碳交易市场成交价、成交量走势如图 6-6 所示。

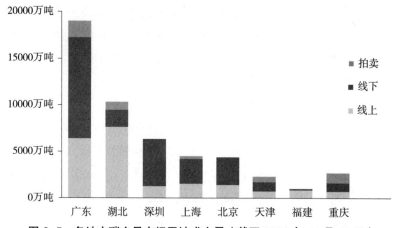

图 6-5 各地方碳交易市场累计成交量（截至 2021 年 12 月 31 日）

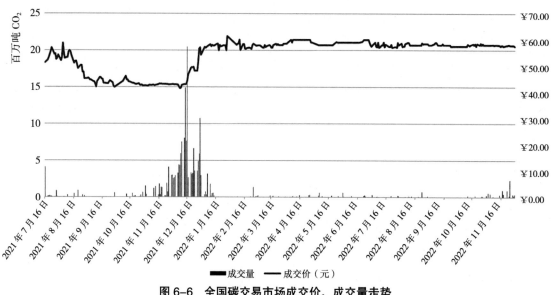

图 6-6 全国碳交易市场成交价、成交量走势

数据来源：Wind

2. 结构现状

目前国际上运行较为成熟的 5 个碳交易市场包括：欧盟碳交易市场（EU ETS），美国区域温室气体减排行动（RGGI），加州总量控制与交易计划（CCTP），韩国碳交易市场（K ETS），新西兰碳交易市场（NZ ETS）。不同碳交易市场之间近几年开始进行连接。2014年，美国加州碳交易市场与加拿大魁北克碳交易市场成功对接，2018 年其又与加拿大安大略碳交易市场进行了对接；2020 年，欧盟碳交易市场已与瑞士碳交易市场进行了对接。

中国的碳排放结构和特征与亚洲和欧洲接近，欧洲碳交易市场概况汇总，见表 6-1；亚洲及大洋洲碳交易市场概况汇总，见表 6-2。

表 6-1

欧洲碳交易市场概况汇总

序号	所在国家	碳交易市场名称	市场类别	开启时间	覆盖区域	覆盖范围	区域内温室气体排放量（MtCO₂e，2018年）	区域内温室气体排放占比	配额分配方式	履约周期	抵消机制	碳价（US$/tCO₂e）
1	—	欧盟碳交易市场	跨国级	2005年	欧盟、挪威、冰岛、列支敦士登	电力、工业企业、航空，包括工业生产过程	4001	40.72%	免费与拍卖方式结合，电力行业不免费分配	每年度4月30日前		87
2	瑞士	瑞士碳交易市场	国家级	2008年	瑞士	电力、工业	48	10.60%	免费与拍卖方式结合	同欧盟交易市场		64
3	英国	英国碳交易市场	国家级	2021年	英国	能源密集型产业、电力、航空	464	0.28%	拍卖为主，免费为辅	同欧盟交易市场	不允许抵消	99
4	德国	德国碳交易市场	国家级	2021年	德国	建筑、道路运输燃料使用产生的排放	874	40.00%	固定价格出售	每年履行		33
5	奥地利	奥地利碳交易市场	国家级	2022年	奥地利	电力、工业、建筑、道路运输	85	40.30%	—	同欧盟交易市场	—	—
6	黑山	黑山碳交易市场	国家级	2022年	黑山	电力、炼油、钢铁、有色金属、水泥、玻璃、陶瓷、纸浆和造纸等	—	—	免费分配	—	—	—

注：奥地利、黑山、俄罗斯库页岛、塞尔维亚、土耳其、乌克兰正在考虑筹备碳交易市场。
资料来源：世界银行 Carbon Pricing Dashboard。

表 6-2 亚洲及大洋洲碳交易市场概况汇总

序号	所在国家	碳交易市场名称	市场类别	开启时间	覆盖区域	覆盖范围	区域内温室气体排放量（MtCO₂e, 2018年）	区域内温室气体排放占比	配额分配方式	履约周期	抵消机制	碳价（US$/tCO₂e）
1	日本	东京总量控制与交易计划（Tokyo CAT）	地区级	2010年	东京	工业、电力和建筑部门	66	20.00%	免费发放	每五年		4
2	日本	埼玉县碳交易市场	地区级	2011年	埼玉县	工业、电力和建筑部门	41	20.00%	免费发放	每五年	可以使用符合条件的项目抵消	4
3	韩国	韩国碳交易市场	国家级	2015年	韩国	工业、电力、建筑、国内航空和废物处理部门等	758	73.00%	免费与拍卖方式结合	每年		19
4	哈萨克斯坦	哈萨克斯坦碳交易市场	国家级	2013年	哈萨克斯坦	电力、集中供暖部门以及特定的工业部门	368	46.00%	免费发放	每年		1
5	新西兰	新西兰碳排放交易市场	国家级	2008年	新西兰	工业、电力、废物处理、运输和林业部门	85	49.00%	拍卖方式	林业部门每五年；其他行业每年	—	53

注：日本正在考虑筹备全国性碳排放交易市场；另印度尼西亚、泰国、马来西亚、越南、巴基斯坦同样在考虑筹备碳交易市场。
资料来源：世界银行 Carbon Pricing Dashboard。

3. 市场现状

我国碳排放权交易最早可溯源至 2005 年参与的清洁发展机制（CDM）项目。CDM 是《京都议定书》中制定的由发达国家（附件一国家）通过资助发展中国家（非附件一国家）的碳减排项目来部分实现其减排目标的机制，通过 CDM 产生的减排量被称为核证减排量（CERs）。国内通过开发核证减排量并售卖于发达国家而实现获益，开启了碳排放权交易的早期进程。

2011 年我国启动了碳排放权交易试点工作，北京、上海、广东、深圳、天津、重庆、湖北、福建 8 个省市先后开启了碳排放权交易市场，涵盖 14 亿吨二氧化碳的年排放配额总量和 3000 家重点排放单位。地方碳排放权交易市场先后运行，也开启了我国通过建立碳交易体系实现低成本减排的积极探索。各省市碳排放权交易试点市场启动时间，见图 6-7。

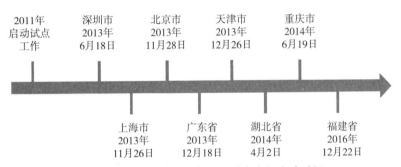

图 6-7 各省市碳排放权交易试点市场启动时间

各地方政府高度重视碳交易市场的建设工作，在建设前期制定了相应的法律规章，包括政府规章、规范性文件、人大立法法规等，以稳步推进碳交易市场建设。同时借鉴欧盟及早期碳交易市场交易体系的相关做法，结合各地区实际情况制定了有针对性的碳交易市场机制，包括确定覆盖范围，建立温室气体监测、报告和核查制度，配额分配设计，制定配额清缴履约、抵销规则及惩罚机制等，最终形成各具特色的碳排放权交易试点市场。

2021 年 1 月生态环境部发布了《碳排放权交易管理办法（试行）》；同年 5 月发布了《碳排放权登记管理规则（试行）》《碳排放权交易管理规则（试行）》和《碳排放权结算管理规则（试行）》，为全国碳排放权交易市场启动作好准备。2021 年 7 月全国碳排放权交易市场如期启动，2162 家发电企业参与其中，年覆盖约 45 亿吨二氧化碳排放量，成为全球规模最大的碳排放权交易市场，中国再次获得全球聚焦。中国碳交易市场的启用表明我国对于市场化碳交易减排机制的肯定，在未来长期的减排进程中，全国碳交易市场将扮演着至关重要的角色，是推动我国经济发展方式绿色低碳转型，低成本实现"3060""双碳"目标的关键。中华人民共和国国务院令第 775 号，《碳排放权交易管理暂行条例》自 2024 年 5 月 1 日起施行，这是我国首次以行政法规的形式明确了碳排放权交易市场交易制度，作为指导我国碳市场运行管理的法律依据。

国内碳交易试点概况汇总，见表 6-3。

表6-3 国内碳交易试点概况汇总

试点区域	覆盖行业	纳入门槛	配额分配方法	国家核证自愿减排量（CCER）抵销比例	处罚措施
北京市	工业：电力、热力、水泥、石化等；服务业：交通运输业	CO_2排放量 ≥ 5000t/a	历史排放法、历史强度法、行业基准法（针对新增设施）	不高于当年履约纱排放量的5%	超出配额碳排放量，按照市场均价的3~5倍罚款
上海市	工业：钢铁、石化、化工、有色、电力、建材、造纸、橡胶、纺织、化纤；非工业：航空、机场、商场、宾馆、港口、铁路、金融、水运	工业：CO_2排放量 ≥ 20000t/a；非工业：CO_2排放量 ≥ 10000t/a	历史排放法、历史强度法、行业基准法	分配额量的5%；年度基础配额的1%	5万~10万元罚款
天津市	钢铁、石化、化工、电力、热力、油气开采、建材、造纸、航空	CO_2排放量 ≥ 20000t/a	历史排放法、历史强度法、行业基准法（针对新增设施）	不超过企业年度排放量的10%	3年内不享有贷款、扶持等方面的优先资格
重庆市	电解铝、钛合金、水泥、电石、烧碱、钢铁等	CO_2排放量 ≥ 20000t/a	企业自行申报所需配额	不超过该年度企业审定排放量的8%	通报批评，3年内不评先进
广东省	电力、钢铁、水泥、石化、造纸、航空	CO_2排放量 ≥ 20000t/a，或综合能耗 ≥ 10000tce/a	历史排放法、历史强度下降法	不超过企业上年度排放量的10%，本地CER占70%以上	5万元以下罚款
湖北省	电力、钢铁、水泥、化工、非金属、玻璃、造纸等16个行业	2014—2016年任意一年综合能耗 ≥ 10000tce/a	行业基准法、历史排放法	不超过年度初始配额的10%	15万元以下罚款
深圳市	工业：电力、热力、水务、制造业等；公共建筑、机关建筑	企业CO_2排放量 ≥ 3000t/a；公共建筑面积 ≥ 20000m²；机关建筑面积 ≥ 10000m²	行业基准法、目标碳强度法；历史强度法	不超过企业年度排放量的10%	超出配额碳排放量，按照前6个月市场均价3倍罚款
福建省	电力、建材、钢铁、化工、有色、石化、造纸、陶瓷、民航	CO_2排放量 ≥ 26000t/a	历史强度法、行业基准法	林业碳汇项目减排量不超过企业年度排放量的10%；其他项目减排量不超过企业年度排放量的5%	超出配额部分，按照前一年配额市场均价1~3倍的罚款，但罚款金额不超过3万元

4. 发展方向

（1）强化功能，扩大范围

广泛的行业覆盖范围意味着全国碳交易市场涵盖更多的排放量，可为实现控制温室气体排放目标提供更大的确定性，提高配额市场的活跃度。据估计在石化、化工、建材、钢铁、有色、造纸、航空等行业覆盖之后，全国碳交易市场的配额总量有可能会从目前的45亿吨扩容到70亿吨，覆盖我国碳排放总量60%左右。因此，后续应该分阶段、有步骤地扩大碳交易市场行业范围，逐步覆盖石化、钢铁、有色、建材等更多高碳行业。

（2）完善产品，构建体系

碳交易市场的发展是供给与需求互动的结果。强制性碳减排交易市场，是满足大型排放源减排交易的需求，但是，中小型减碳项目产生的环境效益也需要获得合理回报，才能解决因为外部性激励不足导致的减排供给缺乏的问题。此时自愿碳减排市场就可以弥补强制性碳减排市场的空缺部分。要实现碳达峰碳中和，广大居民的绿色消费激励也必不可少，应配套开发碳普惠交易平台以满足居民参加碳交易的需求。

（3）强化数据，建立机制

真实准确的碳排放数据，是制定政策、落实行动、监督考核的重要依据。首先，在企业碳排放信息数据的披露上，坚持高标准和国际规范接轨的政策和技术导向，在实际操作中做好科学性、适应性和易用性的平衡。其次，在肃清核查环境方面，建立数据质量控制和数据披露的长效机制。一是坚持严厉打击碳排放数据造假行为，建立问题发现机制。二是建立碳交易市场核查和服务机构的动态管理机制，对于核查机构，设立准入门槛，选择一批具备良好职业素养和专业能力的机构纳入白名单，对违法违规造假或屡次出现不规范问题的机构要纳入黑名单，坚决予以清除。三是建立日常监管机制，将对控排企业一年一次集中式核查的数据质量监管模式，优化为"定期检查加日常抽查"的常态化监管。

（4）金融创新，实现双赢

"双碳"目标背景下，金融在碳中和转型中起到关键的作用。碳交易市场是联系绿色金融与"双碳"目标实现的纽带，建设全国碳交易市场离不开金融的支持。2021年12月14日，生态环境部、人民银行等九部门编制的《气候投融资试点工作方案》明确，在碳金融领域，鼓励试点地方金融机构探索开展包括碳基金、碳资产质押贷款、碳保险等碳金融服务。推动碳金融创新和发展，要建立和完善碳金融相关法律法规。除了出台针对相关碳金融衍生品和业务的具体政策指引以外，还包括配套法律、标准体系的更新与完善，主要涉及对碳排放权的法律属性和相关权益的界定，以及对碳交易税收、碳会计处理等具体实践问题的明确和规范。

6.2 建筑碳排放权交易

6.2.1 建筑行业碳排放交易市场必要性

1. 行业排放量大

根据《2022 中国建筑能耗研究报告》,2020 年全国建筑全过程能耗总量为 22.7 亿 tce,占全国能源消费总量比重为 45.9%;全国建筑全过程碳排放总量为 50.8 亿吨 CO_2,占全国碳排放量比重为 50.9%。建筑能耗总量及碳排放总量占全社会总量达一半左右。因此推进建筑全生命周期脱碳,对于实现我国"双碳"目标具有重要意义。

建筑全生命周期中建材生产阶段、建筑施工阶段和建筑运行阶段这三个阶段,能耗占全国能源消费总量的比重分别为 22.3%、1.9%、21.3%,如图 6-8 所示。

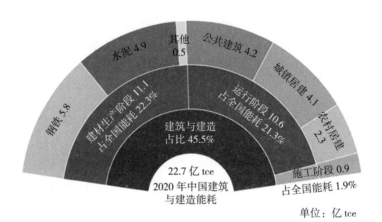

图 6-8 2020 年中国建筑与建造能耗

随着经济水平的持续发展,人民生活水平的持续提高和城市化进程加快,建筑建设和使用是刚性温室气体排放的主要来源之一。我国既有建筑单位建筑面积二氧化碳排放量约为 $39kgCO_2/m^2$,2020 年建筑碳排放量约占全国碳排放总量的 22%,单位建筑面积二氧化碳排放量将达到 $47kgCO_2/m^2$,建筑碳排放增长趋势明显。建筑行业已成为我国节能减排的重要领域之一。

据国家部署,"十四五"期间将逐步推动电力、石化、化工、建材、钢铁、有色、造纸、航空八大行业有序纳入碳交易市场,要在确保数据质量管理可行、可比、可靠的基础上,"成熟一个,批准发布一个"。至 2022 年,全国碳排放权交易市场覆盖了 2162 家发电厂,接近全国一半的碳排放量。除电力行业外,建材行业已成为国家重点推进纳入全国碳交易市场的行业。

2. 内在需求增强

将建筑碳排放交易纳入到我国碳交易机制总体设计中是实现建筑节能减排的内在需要。主要作用体现在:

（1）适度分担既有建筑节能减碳的边际成本

建筑领域节能减碳潜力巨大，要把这些潜力转化为现实的减排成果，需要筹措庞大的改造资金。在建筑领域引入碳交易机制，能在一定程度上覆盖碳减排的边际成本，缓解融资压力，通过财政补贴和市场补偿这两条并行的途径获得可持续的资金支持，降低对国家财政唯一性依赖，实现多元化融资。

（2）通过提高碳资产流动性吸引资金和技术

由于节能减排机会分散，传统的计划手段难以高效、合理地配置资本和技术。当前，我国建筑节能减排工作形成的成果主要由市场主体自行承担，国家和地方予以适当补贴，项目形成的节能减排成果无法资产化，不能变现，无法流动。建筑领域引入碳交易机制，形成碳资产，逐步实现市场定价的碳价格，必然有利于吸引资金和技术流向节能减碳效益好的项目，有利于促进建筑低碳技术的应用，降低社会总体减排成本。

（3）为促进新建建筑采用更高的节能标准提供激励

碳排放权交易可以使开发商将进一步提高建筑能效而获得的碳信用出售，从而补偿部分投资，降低市场风险，因此能极大地激励开发商投资建设绿色建筑和低能耗建筑，将带动创新节能技术的开发应用，促进建筑产业的发展与升级。

3. 行业转型升级

碳排放权交易市场的建设，意味着我国绿色低碳发展的重要性被提升到新高度，包括建筑业在内的多个行业将迎来重大发展机遇。一方面，碳排放权交易带来的是发展规则改变，企业价值面临重估。在碳排放总量全国统筹的前提下，碳排放权交易将是决定企业"发展权"的重要因素。企业基于发展需要，不得不进行温室气体排放，而当面临配额不足时，必须在市场上向配额有盈余的企业购买。企业的生产成本，不再只是人工、材料、设备等，首要的是"碳排放配额"。2020年，美国电动车及能源公司特斯拉（Tesla）仅靠出售碳排放积分，就获得了15.8亿美元的营业收入。这就是碳排放权交易体系之下先行企业的优势。

另一方面，碳排放权交易将倒逼建筑业企业加快创新发展步伐。碳排放权交易系统是基于市场的节能减排政策工具，旨在通过市场手段，减少碳排放，降低能耗，促进产业和能源结构优化。实现碳达峰、碳中和任务艰巨，碳排放权交易覆盖建筑业后，位于"中位数"以下的行业企业必然面临碳排放考核标准大幅提高的现实。在此之前，企业必须做好准备，向精细化发展进军，向创新要效益。

将建筑业纳入碳排放权交易体系，是推动实现碳达峰、碳中和的必然。行业主管部门已经在稳步推进低碳发展体制机制建立，推动企业积极参与碳排放权交易市场建设，支持企业发展市场化的节能减排方式，指导大型企业构建与碳达峰、碳中和相适应的投融资体系。建筑业企业要做的是，了解规则、熟悉规则，在政府指导下提前做出应对，在新形势下展现新作为。

6.2.2 建筑碳排放权交易

建筑碳排放权交易体系主要分为三个部分：碳排放量配额管理、交易市场运行、碳排放权交易监管与市场履约机制。其一，碳排放量配额管理是指有关部门对建筑企业或相关主体的碳排放量进行配额分配。对于碳排放量的配额分配通常分为两部分：一部分针对已有建筑，一部分针对新建建筑，通过建筑的建设规模、机械设备运行状况等测定其碳排放量，并推算出合理的建筑碳排放配额量。其二，交易市场的运行，如交易市场的开展点、交易双方入市退出以及交易方式等都是碳排放权交易市场平稳运行的关键。其三，碳排放权的交易监管与市场履约机制是我国建设建筑碳排放权交易体系的关键。

碳排放权交易应通过全国碳排放权交易系统进行，可以采取协议转让、单向竞价或者其他符合规定的方式。

1. 核算方法

我国目前推出的与建筑相关的自愿减排方法学均直接翻译自 CDM 方法学。CCER 是经国家自愿减排管理机构签发的减排量，为"中国核证减排量"，英文为 Chinese Certified Emission Reduction，即中国的 CER，CER 是清洁发展机制（CDM）中经核证的减排量。

CCER 标准体系包含几类标准：一类是 CDM 项目中已经在国家发展改革委获得注册，但尚未在联合国 EB 注册而且不再去联合国注册的减排量；另一类是我国推出的自愿减排标准，比如，北京环境交易所联合 Bluenext 环境交易所推出了自愿减排标准熊猫标准；第三类是国际上已有的自愿减排标准（VCS 标准、黄金标准等），只要符合《温室气体自愿减排交易管理办法（试行）》，都可以纳入 CCER。

我国大部分市场将建材和建筑都纳入了交易范围，目前我国建筑能耗水平大多在 80~200kWh/m^2，按照每平方米节能 50kWh 来计算，60GWh 相当于 120 万平方米建筑面积的项目，且碳交易项目申报时不允许不同建筑项目进行打包申报，适用建筑项目的范围较小。深圳交易市场将建筑面积 ≥ 20000m^2 的公共建筑、建筑面积 ≥ 10000m^2 的机关建筑纳入了交易范围。

关于配额确定方法，深圳市依据颁布实施的建筑能耗限额标准确定排放强度，即采用基于行业排放强度的基准线法制定建筑碳配额。深入实施在国内率先编制发布的办公、商场、旅游饭店三类公共建筑能耗限额标准，实施《深圳市建筑碳排放权交易管理暂行办法》以及一系列相关技术规范和指导文件。

2. 交易形式

目前国际上建筑领域的碳交易形式主要有两种：一是基于项目的 CDM 交易；二是基于配额的区域性碳交易。

（1）基于项目的 CDM 交易

建筑节能领域由于存在项目周期长、单体减排量少、数据基础较差的问题，建筑类的 CDM 项目方法学较少，而且这些方法学的应用具有较大的局限性，不适合中国国情。因此，中国虽然是目前全球 CDM 市场的最大供应方，但是在建筑领域发展缓慢，形成的可借鉴成果较少。

（2）基于配额的区域性碳交易

从国际上看，以日本东京总量控制与交易计划为代表。该市场虽然是全球第三个总量控制与交易体系，但它是全球第一个将建筑纳入碳排放总量控制的交易体系。交易对象为年消耗燃料、热和电力至少 1500 千升原油当量的大型建筑或工厂，共 1400 个，其中建筑设施占了 1100 个。日本东京总量控制与交易计划的配额分配实行祖父式分配方法，基准年为设施前三年实际排放的平均值。该体系是全球第一个将建筑领域纳入碳交易，并以城市为单位进行总量控制交易的体系，对我国建筑领域实施碳交易提供了许多可借鉴的经验。

国内的深圳碳交易市场将 197 栋大型公共建筑纳入碳排放权交易体系，上海碳交易市场也将商场等建筑领域纳入交易范畴。上海环境能源交易所是全球最大的碳交易市场，均为基于配额的区域性碳交易。

3. 碳交易流程

（1）建筑行业企业

建筑行业企业参与碳交易，主要可以就自身碳资源、碳资产等与碳交易行业企业合作，也可以注册平台交易账号，在自身专业团队的协助下开展碳交易。

（2）建筑业主

建筑业主参与碳交易，其流程如图 6-9 所示。

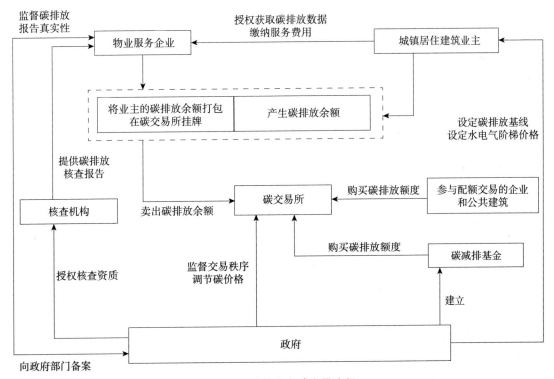

图 6-9　建筑业主碳交易流程

6.2.3 建筑碳排放权交易的实践探索

自2009年起,我国已经在建筑领域的国际和国内碳排放权交易方面开始了积极的探索和实践,包括PCDM项目的开发和基于城市的建筑碳排放权交易试点。

1. PCDM实践

2010年,在德国环境、自然保护、核安全和消费者保护部的资助下,德国复兴信贷银行(KFW)和我国住房和城乡建设部合作在中国开展建筑节能规划类减排活动的研究和示范(POA),该规划类减排活动中第一个典型的小型CDM规划活动(CPA)选在厦门集美区,设想通过采取相应的节能措施来提高建筑能效,主要是制冷和照明能耗。该项目的实施旨在突破建筑领域应用单个CDM项目的障碍,探索将同类建筑集中打包减排,降低项目的开发、监测和交易成本,从而提高建筑减排的经济效益,并试图扩展到全国各个气候区。该项目尽管最后没有到联合国进行注册,但在建筑POA项目的开发、注册流程及相关政策规定、方法学应用、项目管理和监测等方面进行了全方位的探索和研究,同时也发现国际规则的应用有很大限制,而中国必须建立国内自身的建筑碳排放权交易体系,开发符合国情的简单易行的方法学和交易机制,才能为大批有潜力的节能减排项目提供融资出路。

2. 天津建筑能效交易试点

2009年,天津市建筑节能主管部门通过天津碳排放权交易平台,联合瑞碳公司等专业机构推动基于"强度控制与交易"的建筑能效交易制度。天津制定了民用建筑用能指标或定额,即单位采暖面积年标准煤消耗量,作为碳交易的基准线,民用建筑实际运行能耗高于基准能耗时,其节约能耗折算成CO_2减排量可以销售,反之需购买等额减排量以完成节能目标任务。天津于2010年相继颁布了《天津市民用建筑能效交易实施方案》《天津市民用建筑能效交易注册和备案管理办法》,并在2012年颁布的《天津市建筑节约能源条例》中对能效交易做出了相关规定。同时,天津民用建筑能效交易委员完成了民用建筑领域四类能效基准线和核查方法学课题研究,颁布了《天津市能效方法学管理规则(住宅建筑供热系统)》,从而基本建立天津建筑能效交易的法规框架和方法学规则。天津通过天津市环境交易所完成了三家供热计量企业作为卖家,境外企业为买家的首批试点交易,成交价格为每吨二氧化碳50元人民币。目前天津作为国家发展改革委的碳交易试点城市之一正在进一步完善强制性建筑碳排放权交易制度,促进供热计量工作和相关基础能力的建设,明晰交易成本,完善配套政策机制等。

3. 深圳建筑碳排放权交易试点

深圳作为首个启动碳交易的试点城市,试点领域包括工业、建筑和交通三个板块,首批纳入交易体系的有635家工业企业和198栋公共建筑。深圳市依据颁布实施的建筑能耗限额标准确定排放强度,即采用基于行业排放强度的基准线法制定建筑碳配额,在国内率先编制发布办公、商场、旅游饭店三类公共建筑能耗限额标准。发布《深圳市建筑碳排放权交易管理暂行办法》，其建筑领域碳排放权分两个阶段。第一个阶段为准备和市场培育阶段，建立以建筑物能耗限额标准为基础的配额分配体系，给市场明确的奖励预期，对限额以上的建筑不强制履约，预留节能改造时间；第二阶段从2021年开始，逐步形成建筑碳排放权自由供需交易的市场。

深圳碳交易市场也不限于深圳区域内企业，周边没有纳入碳交易体系省市的企业也可以来深圳进行碳交易。深圳排放权交易所采用会员制方式，除上线的工业企业会员外，碳排放权交易也面向普通投资者会员与项目业主会员等各方开放。

6.3 建筑碳交易有利条件与发展挑战

建材生产占全国建筑全生命周期能源消费总量的50%，建材行业围绕"双碳"工作，积极为国家政府主管部门和企业提供支撑和服务，并为水泥等建材行业纳入全国碳交易市场做了大量的准备工作，包括相关技术和标准、行业人才培养等。

6.3.1 建筑碳交易的有利条件和挑战

1. 有利条件

建筑行业建立国内碳排放权交易制度的根本目的是为促进建筑节能提供一种成本最低的融资方式，为建筑节能提供一部分资金补偿，目前已具备了相应的基础条件，包括：

（1）我国碳交易制度宏观政策导向逐步明朗，释放了清晰的政策信号，明确了政策导向。

（2）CDM机制和自愿碳交易的发展促进了市场培育，带动了相关中介服务机构的发展，有力地宣传了运用市场手段推动低碳节能环保事业的理念，发挥了市场启蒙作用。

（3）建筑节能工作的成果为建筑行业碳交易奠定了法规基础、数据基础和资金基础。

（4）建筑行业引入碳交易机制具有一定比较优势。对地区产量增加、经济增长和投资的影响相对较小，相反碳交易能带动低碳技术和产业的发展与投资，因此政治接受度较高，更容易施行。其次，建筑的不动产属性使建筑运营排放在正常情况下不涉及碳泄漏、碳排放转移等工业管控对象面临的问题。

（5）国内外碳交易合作研究和国内试点城市的探索为最终建立建筑领域国内强制性碳交易制度积累了经验，使国内市场主体熟悉了碳交易的规则与政策要求，培养了一批从事碳交易研究的机构和专业人才。

2. 发展挑战

然而国内碳交易制度的实施还面临诸多制约因素，除了法规框架和配套政策尚未完善的问题外，突出的挑战主要有：

（1）建筑不宜参与各种行业混合的碳交易市场。目前国内七省市的碳交易试点方案中，各地的纳入门槛大致都在1万吨CO_2e或2万吨CO_2e。根据大型公共建筑的能耗统计调研结果,目前商业办公建筑的年均能耗约为 20kWh/m²·a,酒店的年均能耗约为 200kWh/m²·a,商场的年均能耗约为 240kWh/m²·a,大型公建的平均年能耗约为 180kWh/m²·a;以每度电对应 1kgCO₂ 粗略折算,各地 5 万平方米以上的大型公建才能纳入到当地的配额交易管理范围。其次,建筑减排成本较高。例如,北方既有居住建筑的改造成本大约在 200 元/吨 CO_2,而深圳碳交易中工业企业交易竞价为 30~35 元/吨 CO_2。因此对于建筑这种每个企业排放量较小成本较高的行业来讲,容易受到体量大,减排成本相对低的工业的影响,因此建筑领域必须建立自身的行业减排体系。相对工业领域,大部分城镇居住建筑碳减排量较少,碳交易额度较小,户均收益则更少。国内现有各碳交易所均要求交易人缴纳交易费及会员费,以北京环境交易所为例,公开交易服务费为双向各收取 7.5‰,最低 10 元/笔,会员年费 200 元。此外,交易人委托核证机构编制碳排放报告单次费用为 5000~30000 元。然而,国内碳价格目前尚处低位,约为(35~76)元/吨 CO_2,以此推算,城镇居住建筑业主参与碳交易所获收益将难以覆盖各项交易成本。

(2)建筑排放的基础统计数据薄弱,缺乏完善可靠的技术和经济数据及信息,数据的统计口径和可靠性还无法完全满足碳交易的需求。城镇居住建筑碳交易的基本技术前提是有效采集和量化业主的碳减排数据。然而,城镇居住建筑业主的碳减排数据涉及日常生活消耗的水电气等各方面,数据采集途径分散,数据采集精度和时效性容易受相关管理部门配合程度的影响。此外,部分业主可能认为采集相关碳减排数据会侵犯其个人隐私,进一步加大了数据采集和量化的难度。个人城镇居住建筑业主交易过程中需熟悉碳交易所相关交易规则,与中介、指定经营实体等机构沟通,编制碳排放报告,委托核查机构核证碳排放量,并在履约期内关注碳价格走势,如此周折令很多城镇居住建筑业主望而却步,以上整个交易过程需城镇居住建筑业主投入大量时间成本及学习成本。此外,各碳交易所的基本交易单位为吨二氧化碳,普通城镇居住建筑日常产生的碳排放量相对较少,难以以年为履约期达到参加碳交易的碳减排量。建筑业主参与碳交易的环节,如图 6-10 所示。

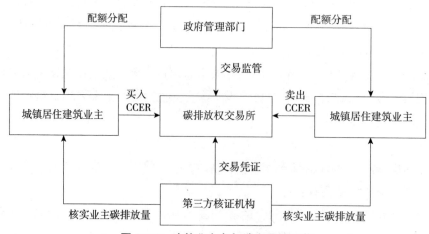

图 6-10 建筑业主参与碳交易的环节

（3）基础薄弱，人才欠缺，市场主体能力建设不足，缺乏机制设计和市场管理的经验。

6.3.2 应对建筑碳交易挑战

建筑领域在 2020 年前仍可以通过 CDM 机制参与国际碳交易，但由于后京都时代国际气候谈判前景不明朗，CDM 机制发展受到了较大的冲击。

1. 建立国内建筑领域强制性碳交易市场

利用建筑的不可移动性，设置建筑项目碳排放基准线，限制建筑碳排放。当建筑项目的碳排放没有达到碳排放基准线时，盈余的碳排放权可以让企业放到碳交易市场售卖，换取在建筑中投入减碳技术的盈利，当项目超标排放二氧化碳时，就得从碳交易市场购买碳排放权，从而推进建筑业实行碳交易。以项目为单位对建筑节能领域的碳排放权进行衡量，将更有利于在城市中开展碳交易。

建筑在国内外碳交易市场发展的困境表明，只有建立建筑领域国内强制性碳排放权交易制度才是建筑节能获取可持续融资渠道的出路。自愿性碳交易市场是我国碳交易市场发展初期的过渡性安排但不是我国碳交易市场发展的主流和方向。自愿性碳交易市场发挥两方面的作用，一方面衔接清洁发展机制项目交易与国内强制的碳交易体系；另一方面作为补充机制，扩大我国碳交易市场主体覆盖范围，降低减排成本，为强制性碳交易引入相应项目及抵消机制。建议研究建筑领域自愿碳交易市场的方法学、碳减排量核证和注册登记确权问题，为建筑强制性减排作铺垫。

2. 加快国内建筑领域碳交易配套政策研究

总量控制交易或基准线信用模式原则都适用于建筑碳交易，但根据建筑类型的不同，必须建立符合不同类型建筑减排特点的交易机制。考虑大型公建交易主体明晰、节能潜力较大、数据基础好、具备可借鉴的国际经验，可优先从大型公建总量控制碳排放权交易入手。而北方供热企业的碳交易项目边界大、系统考虑因素多，可在天津试点基础上深化研究，提高交易的可操作性。深入研究新建建筑基准线信用交易模式，开发自愿性碳减排项目。

从政策、机制方面加强引导，必须让企业意识到采用先进的减排技术后减少的碳排放量，能获取比实施减排技术所投入成本更多的利润。鼓励建筑企业开发新技术、新工艺，对新成果给予一定经济奖励；对使用绿色建材，低碳施工工艺，低碳机械等的建筑给予补贴。从而进一步激发企业的积极性，为市场运行创造条件，包括建立"量化碳目标考核评价制度""碳交易税费减免优惠政策""政府'以购代奖'或回购碳指标的收购政策，建立碳储备库，用以调节市场供需"。

3. 深化碳交易制度的技术研究

碳配额成为可担保资源是碳排放权可以在不同区域间流动的有利因素，为建筑业碳交易构建及区域化奠定了基础。碳交易市场区域连接的优势在于可以降低实现减排任务的总费用，减少控制碳排放目标的总成本，区域连接将囊括的碳排放范围和总量进一步扩大，拥有更多可供选择、成本差异明显的减排途径；可以推进碳排放监控体系与法规政策的构建逐步统一，使跨地区的大型公司实现减少运营成本时能更好地选择投资策略。相关交易制度的技术包括：（1）完善符合碳交易需求的建筑能耗和温室气体排放报告制度，完善报表和排放清单标准化建设；（2）建立独立的第三方排放监测核证制度，明确核证机构的资质和业务规范；（3）加快建筑领域碳交易方法学标准化建设，要求简单易行，提高操作性。

组织碳减排技术路径研讨会，研讨交流水泥、玻璃、陶瓷、玻纤、石灰等主要产业的碳减排技术路径，提出以碳减排为核心内容的建筑材料行业重点技术攻关项目，采取"揭榜挂帅"机制，集中行业优势力量进行科技攻关，努力发挥科技创新对碳减排的支撑作用；聚焦标准化工作对建材行业低碳发展的促进作用，组织开展建材行业碳达峰、碳中和相关国家、行业、社团标准计划的征集和制修订工作；开展对水泥等建材重点行业配额分配方案研究、基准值测算、二氧化碳排放连续监测技术研究和碳交易市场运行测试，以及进入全国碳交易市场相关能力建设的培训、各类咨询、诊断服务活动等工作。

第 7 章 碳金融创新

《中共中央 国务院关于完整准确全面贯彻新发展理念做好碳达峰碳中和工作的意见》《国务院关于印发 2030 年前碳达峰行动方案的通知》(国发〔2021〕23 号)及《城乡建设领域碳达峰实施方案》提出了完善财政、金融支持政策的要求。完善支持城乡碳达峰的财政政策,落实税收优惠政策。完善绿色建筑和建材政府采购要求,推广绿色建筑和建材政府采购。加大对绿色金融的支持力度,鼓励银行业金融机构在风险可控、经营自主的原则下,提供创新信贷产品和服务,支持城乡节能减碳发展。鼓励开发商购买全装修住宅质量保险,加强保险支持,发挥绿色保险风险保护产品的作用。合理开放城市基础设施投资、建设和运营市场,运用特许经营和政府采购服务手段,吸引社会资本投资。完善差别电价、分时电价和居民阶梯电价政策,加快推进供热计量和按供热量收费。

《科技支撑碳达峰碳中和实施方案(2022—2030 年)》也要求提供绿色低碳科技融资,通过国家科技成果转化指导基金支持碳中和科技转移转化,引导贷款、债券、天使投资和风险投资企业支持低碳技术创新转化。《国家适应气候变化战略 2035》更加强调体制建设和部门协调,并进一步加强财政支持。

7.1 碳金融的现状

7.1.1 碳金融含义与功能

碳金融含义有广义和狭义之分。从狭义上讲,就是要创新和整合相关的碳交易体系,形成一个完整的碳交易体系,可以表现为碳交易体系或碳交易市场的形式。广义的碳金融除此之外,还包括传统金融活动的转型升级,其核心是碳银行、碳基金、碳保险、碳信用等机构投资者对金融产品的创新。工业革命以后,随着世界各地大大小小的工厂纷纷建成,碳排放的不断增加使得全球变暖问题越来越严重,传统的发展中国家经历了发达国家唯一的出路——高能耗、高污染的发展道路,人们开始反思这条发展道路的负外部效应,国内外学者开始思考如何控制碳排放,实现地球的可持续发展,Nordhaus(2006)从宏观经济学的角度,研究了经济发展与全球气候变化的关系,探讨了全球变暖对经济环境的负外部效应,认为温室效应的负外部效应与两次世界大战和几次经济萧条的影响相当。因此,在利用碳融资实现碳排放控制的基础上,碳交易理论应运而生。

碳金融的功能是为减排安排各种金融制度和金融交易。它包括碳排放权交易、碳排放权期货期权市场、碳排放国际贸易、碳保险、碳基金及其他衍生品、低碳项目开发的投融资，还包括更常见的清洁发展机制项目贷款和其他融资方式。随着环境保护、制度设计和实施，碳融资逐步形成并发挥作用。它利用金融工具和服务转移环境风险和优化环境，同时减少金融风险和增加社会效益。碳金融市场分类，如图7-1所示。

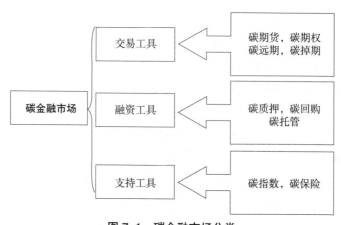

图7-1 碳金融市场分类

1. 碳金融市场交易工具

除碳资产类的碳现货外，碳交易工具还包括碳期货、碳期权、碳远期、碳掉期，以及碳债券、碳基金等碳资产证券化和指数化的碳交易产品。交易工具的丰富，盘活了碳现货和期货市场，推动了碳金融市场流动性的活跃，也为投资者对冲价格波动风险，实现套期保值。

（1）碳期货：属于衍生碳金融工具。碳期货是以碳排放权配额及项目减排量等现货合约为标的物的合约，基本要素包括交易平台、合约规模、保证金制度、报价单位、最小交易规模、最小/最大波幅、合约到期日、结算方式、清算方式等。EU ETS流动性最强、市场份额最大的交易产品就是碳期货，与碳现货共同成为市场参与者进行套期保值、建立投资组合的关键金融工具。碳期货能够解决市场信息的不对称问题，引导碳现货价格，有效规避交易风险。

（2）碳期权：属于衍生碳金融工具。碳期权实质上是一种标的物买卖权，买方向卖方支付一定数额权利金后，拥有在约定期内或到期时以一定价格出售或购买一定数量标的物的权利。碳期权标的物可以是碳排放的权利，也可以是期货。如果企业有配额缺口，可以提前买入看涨期权锁定成本；如果企业有配额富余，可以提前买入看跌期权锁定收益。

（3）碳远期：属于衍生碳金融工具。碳远期交易是国际市场上进行CER交易的最常见和成熟的交易方式之一，买卖双方以合约的方式，约定在未来某一时期以确定价格买卖一定数量配额或项目减排量。碳远期的意义在于保值，帮助碳排放权买卖双方提前锁定碳收益或碳成本。

1）碳远期交易和碳期货交易的相同点是：与即期现货交易相比，可以帮助供求双方固定未来交易价格。供给方可以据此专心组织供给，需求方可以据此专心筹措资金、组织生产。供需双方面临的市场风险都会得到减少。

2）碳远期与碳期货不同点是：①交易场所不同。碳期货交易在交易所内集中进行，而碳远期交易在场外分散进行，价格透明度较低。②价格机制不同。碳远期的价格由买卖双方谈判达成，价格的形成过程中参与者较少，依赖于双方对未来价格的预测，市场效率较低，很难做到合理公平。碳期货的价格形成过程中参与者较多，价格公开透明合理。③合约规范性不同。碳远期是非标准化合约，需要买卖双方进行谈判，价格、数量、交货时间均由双方协定，每笔业务的具体条款都需要具体磋商。与标准化的期货合约相比，手续复杂。④交易风险不同。碳远期最终以实物交割，存在着信用风险。因此交易者对对手方的信用风险审查就非常重要，这与监管严格的场内交易的标准化期货合约不同。⑤保证金制度不同。碳期货合约交易的保证金比例由交易所统一规定，交易双方均需缴纳。而碳远期合约的保证金是否交，交多少，由交易双方自行协商。⑥履约方式不同。期货合约具备对冲机制，实物交割比例较小，而碳远期合约未经双方一致同意，必须采取实物交割。

（4）碳掉期：属于衍生碳金融工具。碳掉期是以碳排放权为标的物，双方以固定价格确定交易，并约定未来某个时间以当时的市场价格完成与固定价交易对应的反向交易，最终只需对两次交易的差价进行现金结算。由于碳掉期交易的成本较低，且可有效降低控排企业持有碳资产的利率波动风险，已成为企业碳资产管理中的一项重要手段。

目前中国的碳掉期主要有两种模式：一是由控排企业在当期卖出碳配额，换取远期交付的等量CCER和现金；二是由项目业主在当期出售CCER，换取远期交付的不等量碳配额。碳掉期是掉期业务的一种，因此具有掉期业务的基本特点：买与卖在同一交易中同时进行；买与卖的标的物种类相同（即碳配额和CCER），且现金流价值对等；买与卖的交割期限不同。

1）碳掉期功能与作用

①有利于控排企业进行套期保值。例如，持有碳配额的企业A和持有国家核证自愿减排量（CCER）的企业B，签订合同约定，企业B在半年后给予企业A一定量的CCER和一笔现金来换取当期的碳配额。这样便保证了企业A所持有的碳配额在半年后交易时，不因碳交易市场的价格波动而遭受损失。尽管这样的交易会使企业A错失因价格上涨而带来的收入，但是同时它也避免了因价格下跌而带来的损失，为碳配额保值，确保获得当期的预期收入。

②有利于回稳企业更新周期。对于中小企业，在推进绿色经济的过程中，无论是对大功耗、重污染的机器进行更新换代，还是对生产流程的审查改良，都需要在前期投入大量的资金，而这势必会给中小企业带来流动性问题，甚至可能影响正常的经营。碳掉期则可以让这些中小企业，与资金充沛的大企业或机构投资者交易，出售碳资产，换取当期的现金，来回稳企业的更新周期，更加平稳高效地响应减排号召。

③有利于碳资产合理定价。制定多么精细和繁多的标准化金融合约，也无法满足所有市场上参与者的需求，而碳掉期交易场外交易的特性，使得各个企业间可以相互协商，制定符合自身特殊需要的交易合同，增加碳资产的流动性，使得市场上的报价可以更加公允地反映市场需求。

④有利于降低中间商承担的风险。当碳交易市场进一步发展后，势必会出现大型中间商，或由传统银行等机构扮演该角色，其与大量的客户交易，将存在巨大的系统性风险，此时通过多笔掉期交易构建投资组合，便可抵消因价格波动带来的损益，消除中间商与客户单独进行单笔单向交易所承受的风险。

2）碳掉期与碳远期的区别

①碳掉期交易中的买与卖是有意识地同时进行的，只是买卖的交割期限不同；而碳远期的交易中只涉及一方，作为买方或卖方来确定其所持有的现货的未来交易价格。

②碳远期的主要作用是确定利润，通过规避未来现货价格的涨跌来控制风险，风险相对较小；而碳掉期是通过不同交割时期的两笔反向交易来实现风险控制，不确定因素更多，风险相对高一些，但同时也使碳掉期能够通过不同时期的价差来获利。

③碳远期合约达成后，卖方手中持有的大量现货并不能立刻变现获取现金流，必须持有到交割日才能变现；而碳掉期合约在达成后，投资者可以立刻进行货币转换，将闲置的现货转化为现金投入使用。

（5）碳债券与碳基金

碳配额及减排项目的未来收益权，都可以作为支持资产通过证券化进行融资，证券型证券化即碳基金，债券型证券化即碳债券。

1）碳基金。属于衍生碳金融工具。碳基金是为参与减排项目或碳交易市场投资而设立的基金，既可以投资于CCER项目开发，也可以参与碳配额与项目减排量的二级市场交易。碳基金管理机构是碳交易市场重要的投资主体，碳基金本身则是重要的碳融资工具。碳基金是一些国际金融组织为了促进某些环保项目或者减排项目的顺利推行而设立的融资渠道，这一融资渠道的特点就是资金具有专用性。按照发行主体的不同，碳基金可以分为世界银行型基金、国家主权基金、政府多边合作型基金、金融机构设立的盈利型基金、非政府组织管理的碳基金和私募碳基金等。碳基金运行示意，如图7-2所示。

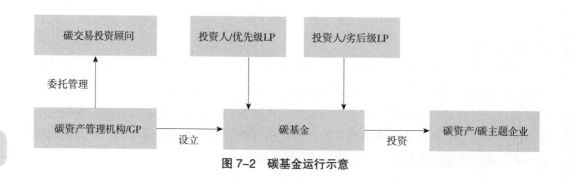

图7-2 碳基金运行示意

目前国内市场上成立了一支规模最大的碳中和主题基金,由中国宝武钢铁集团有限公司、国家绿色发展基金股份有限公司、中国太平洋保险(集团)股份有限公司、建信金融资产投资有限公司共同发起设立,总规模达 500 亿。为如期实现碳达峰、碳中和目标,未来该类产融结合、央地合作的碳基金势必大量涌现。

2)碳债券。碳债券属于绿色债券的一个子类别,是基础碳金融工具。《中国证监会关于支持绿色债券发展的指导意见》中规定,绿色债券所募集的资金应专项用于绿色产业项目的建设、运营、收购,或偿还绿色产业项目的银行贷款等债务。碳债券则是指债券发行主体为投资于减排项目而发行的债券。发行该类债券的发行人通常为专注于绿色产业的成熟企业,高污染、高能耗或其他违背国家产业政策导向的行业企业不能发行碳债券。另外,发行审核机构将不断完善该类绿色债券准入管理的"绿色通道"机制,提升企业发行绿色债券的便利性。碳债券是政府、企业为筹集碳减排项目资金发行的债券,也可以作为碳资产证券化的一种形式,即以碳配额及减排项目未来收益权等为支持进行的债券型融资。低碳股票和低碳债券所筹集的资金用于低碳项目,具体包括火电减排、新能源汽车、建筑节能、工业节能与减排、循环经济、资源回收、环保设备、节能材料等。碳债券运行示意,如图 7-3 所示。

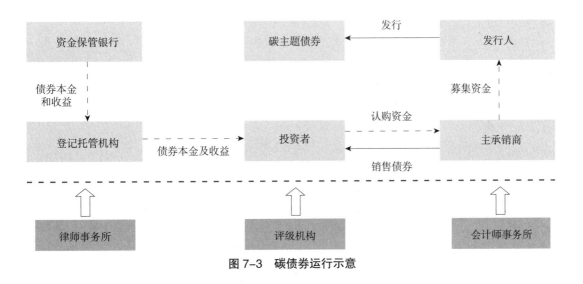

图 7-3 碳债券运行示意

2. 碳金融市场融资工具

(1)碳质押:碳质押是指以碳排放权配额或核证减排量等碳资产作为质押物进行融资。在碳交易机制下,碳资产具有了明确可计量的市场价值,为碳资产作为质押物发挥融资担保增信功能提供了可能,而碳资产质押融资则是碳排放权和碳信用作为企业权利的具体化表现。碳质押可以为碳资产创造估值和变现的途径,帮助企业拓宽融资渠道。

碳质押融资是目前碳金融市场相对最活跃的产品,与一般质押融资不同在于质押物为碳资产包括碳配额和 CCER,同时对于融资人要求是具备碳资产交易资格。这是因为碳质押融资的参与主体涉及碳交易所和相关碳资产管理公司，前者用于碳资产质押过程中的交割环节，后者用于碳资产的托管以及代理处置环节。此外，碳质押融资在定价过程中，受到质押物碳资产本身价格和融资人碳排放额度影响。目前中国开展的碳质押融资期限集中在 3~5 年。

1）碳质押的参与主体

碳资产抵质押融资业务参与主体一般包括融资企业、贷款银行以及第三方服务机构。第三方服务机构主要是指具备碳排放配额融资抵质押登记权限及其他相关服务的碳排放交易监管平台，如上海碳排放权交易中心等碳排放交易平台。

2）碳资产质押融资模式

碳资产质押融资模式也叫碳质押贷款模式，包括基于项目的碳资产质押和基于配额的碳资产质押两类（表7-1），可作为质押物的碳资产包括基于项目产生的和基于配额交易获得的碳资产，即基于自愿减排产生的核证减排量（CERs 或 CCER）和基于强制减排产生的碳排放配额。碳资产质押融资示意，如图7-4所示。

两种碳资产质押融资模式的区别示意表　　　　表 7-1

类型	质押内容	融资对象	融资过程	融资特点	适用环境和条件
基于项目的碳资产质押	未来实现的额外碳减排额	单个项目中的减排企业	质押未来碳资产，未来碳收益还款	自偿性 动态性	CDM 项目企业或 CCER 项目企业
基于配额的碳资产质押	现有的碳排放权配额	需要减排的企业	质押现有碳资产，企业经营收入还款	普遍性 静态性	持有配额的企业

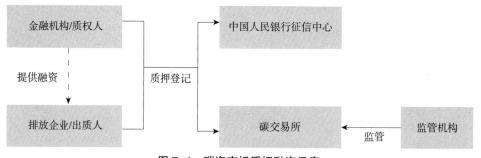

图 7-4　碳资产抵质押融资示意

3）碳质押业务展望

从业务的底层逻辑分析，碳质押也是质押融资的一种，只是质押物换成了碳资产而已。因此，碳质押本身具有所有质押融资业务的共性特点。所不同的是，由于碳资产这一质押物的特殊性，使得其业务发展与碳资产登记制度的完善、交易市场的发展、碳资产评估体系的发展紧密相关。虽然我国碳交易市场从 2011 年就出台试点政策，2013 年起就陆续开始在 8 省 9 市试点运行，但由于登记制度、交易规模、交易价格、发展前景都有很多的不完备性和不确定性,参与企业的数量也很少,交易活跃度远远不够,难以对碳资产做出合理的价值评估,因此对碳质押业务的开展构成了较大的影响。

随着全国碳排放权注册登记系统(简称中碳登)落户湖北,全国统一的碳排放权交易市场于 2021 年 7 月 16 日在上海正式启动,重点控排企业逐步有序参与交易,碳交易市场将有望得到稳定发展,相关的制度建设也将同步完善,碳质押业务也将随之迎来较好的发展前景。

(2)碳回购:所谓回购,就是卖出再购回,融资方通过卖出获得资金,资金方通过回购差价获得投资收益,碳排放配额的回购业务,在交易模式上也是如此。碳回购指碳配额持有者向其他机构出售配额,并约定在一定期限按约定价格回购所售配额的短期融资安排。碳回购指重点排放单位或其他配额持有者向碳排放权交易市场其他机构交易参与人出售配额,并约定在一定期限后按照约定价格回购所售配额,从而获得短期资金融通。在协议有效期内,受让方可以自行处置碳配额。碳回购流程示意,如图 7-5 所示。

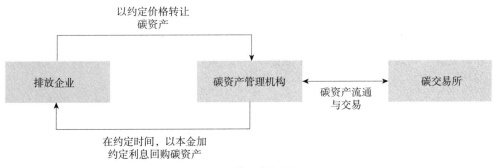

图 7-5 碳回购流程示意

(3)碳托管:碳资产托管是资产管理业务在碳交易市场的创新应用,狭义的碳资产托管,主要指配额托管,即控排企业委托托管机构代为持有碳资产,以托管机构名义对碳资产进行集中管理和交易,以实现碳资产的保值增值;广义的碳资产托管,则指将企业所有与碳排放相关的管理工作委托给专业机构策划实施,包括不限于 CCER 开发、碳资产账户管理、碳交易委托与执行、低碳项目投融资、相关碳金融咨询服务等。碳托管流程示意,见图 7-6。

1)碳资产托管的意义

①对控排企业,配额托管有利于其剥离非主营业务,增强业务专注度,同时提升碳资产管理能力,不仅可以完成履约还可以取得额外收益;

②对于托管机构,可以低成本获得大量配额从而交易获利;

③对于碳排放权交易所,则可以获得碳配额流动性释放带来的佣金;

④对于碳交易市场,通过托管机构把控排企业闲置在手中的配额集中起来拿到碳交易市场进行交易,可活跃碳交易市场。

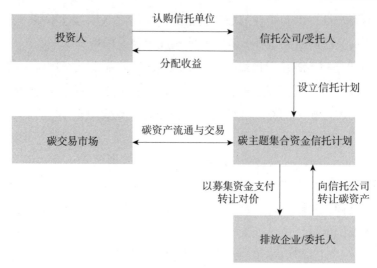

图 7-6　碳托管流程示意

2) 碳配额托管适用范围

一般情况下，控排企业所拥有的碳配额资产的数量决定了其对碳配额托管业务的积极性，排放量较小和排放量巨大的控排企业对于碳配额托管的需求程度不高，而大中型控排企业则较宜采用碳配额托管模式。

碳排放量小，配额资产小的控排企业：通常不会对碳资产有事前管理和处置，大多会在履约清缴前夕，根据碳核查结果，直接在碳交易市场进行配额盈缺的处理，卖掉盈余配额或购买配额（或 CCER）进行履约。

碳配额资产巨大的巨型控排企业：通常会组建碳资产管理公司，建设碳资产管理平台，在统筹管理集团自身碳资产的同时，为外部市场提供碳资产管理服务。

而大中型控排企业，由于受市场不确定性、人才短缺等因素影响，通常不会组建碳资产管理公司，而是倾向于选择专业化的碳资产托管机构，以相对较小的投入降低履约成本，实现碳资产的保值增值。

3) 碳资产托管的主要模式

①双方协议托管：控排企业和碳资产管理机构通过签订托管协议建立碳资产托管合作，这种模式下的碳资产划转及托管担保方式灵活多样，完全取决于双方的商业谈判及信用基础，如控排企业可以将拥有的配额交易账户委托给碳资产管理机构全权管理操作，碳资产管理机构支付一定保证金或开具银行保函承担托管期间的交易风险。

②交易所监管下的托管：目前国内试点市场的碳交易所普遍开发了标准化的碳资产托管服务，通过碳交易所全程监管碳资产托管过程，可以减少碳资产托管合作中的信用障碍，同时实现碳资产管理机构的资金高效利用。交易所介入的碳资产托管可以帮助控排企业降低托管风险，同时为碳资产管理公司提供了一个具有杠杆作用的碳资产托管模式，实现了共赢，有助于碳资产托管业务的推广。

4）碳配额托管存在的风险

就受托管企业而言，一方面是市场风险，包括托管人缺乏管理及买卖受托管配额的经验所带来的作业风险，另一方面则是信贷风险，即受托人能否在履行承诺前按时交还配额。此外，由于托管人以接近零成本的价格从排放控制企业获得配额，其账户中的大部分资金也来自这些配额交易，因此，交易所必须应对的最大风险是，如果托管人出售了碳配额，然后逃离。湖北、广东等开展碳配额托管业务的省份在实施细则中对托管机构进行了限制，以规避风险。

对于托管机构来说，一是对冲风险，由于当前市场主要以现货交易为主，期货衍生品交易并不发达，托管机构缺乏合适的金融工具有效对冲自身的风险；二是政策风险，由于目前碳排放权交易处于试点市场向全国市场过渡的初期阶段，各项政策的稳定性有待确定；三是市场流动性风险，在碳交易市场初级阶段，配额市场流动性受限，碳资产管理机构托管的碳配额资产总量应考虑市场流动性规模及自身资金实力。

3. 碳金融市场支持工具

（1）碳指数：碳指数可以反映碳交易市场的供求状况和价格信息，为投资者了解市场动态提供投资参考。可以根据一级和二级碳交易市场的交易量和价格信息实时公布交易量和价格指数。简单地理解为与上证指数、创业板指数等同，碳交易市场的股票可以成为一个指数。由上海信心碳资产管理有限公司开发和维护的中国第一个碳指数，反映了碳交易市场的发展趋势。该报告发表在上海能源交易所。在每个交易日结束时，碳指数是根据当天每个碳交易市场的平均交易价格计算的。其实，就是选择主题，对主题的量和价进行索引处理，及时更新，但需要官方平台的认可才能更有指导意义。

【知识补充】上海交通大学日前发布"碳系列指数"，即碳排放指数、碳目标指数、碳经济指数，助力"双碳"目标实现。据介绍，碳排放指数反映一段时间内城市碳排放总量的变化，碳目标指数反映碳减排目标下的碳排放期望水平。通过两者的比较，可以实时看到实际的碳排放水平与碳减排期望下的排放水平之间的差距。碳经济指数反映城市中单位企业过去1年累积碳排放的经济成本，通过经济杠杆机制，调节企业的碳排放额度，帮助企业进行碳资产管理，促进企业碳污协同减排。目前碳指数研究相对缺乏，时间分辨率通常只能到月。这项研究可以实现实时动态的碳系列指数，时间分辨率可以精确到日甚至小时；此外，该指数还可以体现同根同源的污染物实时排放特征，更为精准地展示碳污协同效应。

（2）碳保险：碳保险是为了规避减排项目发展风险、确保项目减排量按时足额交付的担保工具。碳保险可以定义为与碳信用和碳配额交易直接相关的金融产品。从国际角度来看，碳保险主要用于防范《联合国气候变化框架公约》和《京都议定书》框架下的碳金融活动所产生的风险，或用于模拟《京都议定书》规则的非京都规则下的碳金融活动的风险保障，并提供信用担保。基于保险的风险管理功能，碳保险可以成为企业低碳转型路径中的风险管理工具之一。高碳产业的转型和低碳产业的预发展都需要大量的投资，而转型过程和技术孵化是不确定的，有效的风险管理可以避免引发其他风险。保险公司可以通过保险机制为行业转型和发展提供风险保障，进一步促进行业的稳定发展。

碳保险产品分类：根据碳保险针对不同风险分类，一类针对的是交付风险，目前国内外的碳保险服务都主要针对交付风险；另一类针对的是除交付风险以外的其他风险，如碳捕获保险，即对运用碳捕获技术封存碳而产生的各种风险承担。

1）碳减排交易担保

碳减排交易担保主要用于保障清洁发展机制和联合履约机制下的交易风险，以及低碳项目评估和开发中产生的风险。2006年，瑞士再保险公司的分支机构——欧洲国际保险公司针对碳信用价格，提供了一种专门管理其价格波动的保险；之后，其又与澳大利亚保险公司Garant开展合作，根据待购买的减排协议，开发碳交付保险产品。

2）碳排放信用担保

碳排放信用担保侧重于保护公司在新能源项目运营中免受风险，可以提供项目信用担保，鼓励私营公司参与抵消项目和碳交易。例如，2006年，美国国际集团与保险经纪公司达信（Dacon）合作，推出碳信用担保和其他新的可再生能源相关保险产品。通过降低投融资成本，鼓励企业积极参与碳补偿和减排活动。保护新能源项目经营风险，提供项目信用担保。

3）清洁发展机制（CDM）支付风险保险

这类保险主要管理碳信用在审批、认证和销售过程中的风险。如果清洁发展机制项目投资者在核证或发放核证的排减量方面遭受损失，保险公司将赔偿投资者预期的核证的排减量或等同的排减量。例如，瑞士再保险公司已经与总部位于纽约的私人投资公司RNK CAPITAL PARTNERS，LLC（RNK）合作开发碳保险产品，以管理与《京都议定书》碳信用交易项目相关的风险。

4）碳损失保险

碳损失保险的投保人通过购买碳损失保险可获得一定额度的减排额，当条款事件触发后，保险公司向被保人提供同等数量的CERs。例如，2009年9月，澳大利亚斯蒂伍斯·艾格纽（STEEVES AGNEW）保险公司推出了碳损失保险，保障因雷击、森林大火、飞机失事、冰雹或者暴风雨等造成森林不能达到经核证的减排量而带来的风险。

5）碳信用保险

该险种主要用于碳配额购买者可能面临的交易对手方风险和交付风险，以确保碳交易在一定成本范围内完成。碳信用保险可以帮助企业转移风险、助力减排或助力新能源企业获得项目融资，为企业信用增级。例如，英国Kiln保险集团于2012年发行了碳信用保险产品，将碳信用与传统的金融衍生工具相结合，保障商业银行在一定成本范围内有效获得碳信用。并且，在保险产品合同中，银行作为碳信用买方先买入"碳期权"，在期权可行权期限内，如果碳信用价格高于行权价格时，银行可以行使期权买权。

6）碳信用交付担保保险

碳信用交付担保保险是指很多大型清洁能源投资项目可以将自己未用完的碳信用出售

给需要更多碳信用的企业，而建立的碳信用交付担保保险则可以为项目业主或者融资方提供担保和承担风险，将风险转移至保险市场。

7）碳交易信用保险

碳交易信用保险以合同规定的排放权数量作为保险标的，向买卖双方就权利人因某种原因而无法履行交易时，所遭受的损失给予经济赔偿，具有担保性质。该保险为买卖双方提供了一个良好的信誉平台，有助于激发碳交易市场的活跃性。例如，2004年联合国环境署、全球可持续发展项目（GSDP）和瑞士再保险公司推出了碳交易信用保险，由保险或再保险机构担任未来核证排减量（CERs）的交付担保人。若当事方不履行商定的条款和条件核证减排量，担保人就负有担保责任。该保险主要针对合同签订后出现各方无法控制的情况而使合同丧失了订立时的依据，进而各方得以豁免合同义务的"合同落空"情况进行投保，如突发事件、营业中断等。

8）森林碳汇保险

森林碳汇保险是指以天然林、用材林、防护林、经济林以及其他可以吸收二氧化碳的林木为保险标的，对林木的整个成长过程中可能遭受的自然灾害和意外事故导致吸碳量的减少所造成的损失提供经济赔偿的一种保险。森林碳保险不同于传统的森林保险，两者在保险标的、保险金额的确定方法、保费来源等方面存在明显区别（见表7-2）。

森林碳汇保险与森林保险对比表　　　　　　　　表7-2

产品	森林碳汇保险	森林保险
保险标的	仍在生长中的各类树木以及影响森林正常碳吸收量的风险，诸如暴风、暴雨、泥石流、火灾、冰雹等都属于承保的风险	各类树木（包括生长中的及砍伐后），主要承保人工林
保险金额的确定方法	保障金额确定的核心是碳排放量交易的价格	确定保障金额的核心在于林木本身的成本。具体方法：按林木蓄积量计算，保险金额＝单位面积林木蓄积量×面积×木材价格及按营林成本计算出单位面积费用总和来确定保险金额
保费来源	森林碳保险带有很强的政策性保险的特征。其保费来源由两部分组成：一部分是政府的补助；另一部分是对"三高"企业的惩罚金	保费由政府和林权所有者共同承担
受益人	政府和林业主管部门	林权所有者
功能	通过增加二氧化碳的吸收量来达到环境保护的目的	可实现林业风险的有效转移和分散，提高林农灾后恢复生产能力，稳定林业生产

碳融资市场本身仍然是一个衍生品市场，它将这一主题转变为一种更难衡量、性质与期货市场没有太大区别的东西。因此，在市场相对发达的欧洲和美国金融市场中，金融化的碳交易市场比较普遍，碳金融是我国目前发展阶段出现的一个新名词，这在世界银行的碳金融十年报告中可以明显看出，世行更愿意称之为碳交易，它将碳交易定义为与温室气体项目相关的交易和现金流。

7.1.2 碳金融发展历程

碳金融源于20世纪70年代国际气候政策的变化。早期学者主要限于对碳排放与环境关系的研究，提出政府应通过税费权利来限制碳排放。各国政府越来越认识到保护环境的重要性，签署了《京都议定书》，国际气候会议也为碳融资的形成作出了贡献。全球范围内碳融资的概念和基础产生于1995年，但随着《京都议定书》的签署，碳融资的真正市场也随之出现。在接下来的几年里，各国政府、金融交易所、国际组织和非政府组织机构越来越多地参与到碳融资中来。2002年，国际金融公司和荷兰银行等9家银行在国际金融公司环境和社会政策基础上共同起草了一套针对项目融资中有关环境与社会风险的指南，即赤道原则。目前世界上有四大碳金融市场，即欧盟碳交易市场、美国芝加哥气候交易所、英国碳排放交易系统和澳大利亚国民信托基金，其中欧盟碳交易市场已成为世界上最大的碳排放交易市场，具有最大的发展规模和最完善的制度。

与世界发达国家相比，我国的碳融资起步较晚。2008年，碳融资开始启动。2011年，我国的碳金融得到了进一步发展。七个试点城市相继建立，碳配额现货交易也已开始。2016年，碳封存金融衍生品交易逐步发展。经历七地试点后，2017年全国统一碳交易市场正式启动。

2020年9月22日，国家主席习近平在联合国大会第七十五届会议一般性辩论上发表重要讲话，提出了达到峰值、碳中和的时间表，中国的目标是在2030年达到峰值，在2060年达到碳中和。生态环境部也表明"降碳"将成为我国未来生态环境保护工作的总抓手。2021年7月，全国碳交易市场正式启动交易，我国碳金融市场迎来了一个重要发展时期。

7.1.3 碳金融市场存在的问题

一是法律体系不健全，政府监管力度不够。相关法律制度不完善，法律依据不足以成为制约我国碳交易市场发展的主要原因之一。目前，我国只有一些碳金融市场比较发达的省份试图发布一些地方性的碳污染减排计划法律文件，其中大部分缺乏法律支持，碳污染减排计划实践中存在一定程度的盲目性，导致碳污染减排计划无法合理实施。与国外和中国一些先进城市相比，我们很多地方在企业温室气体排放检测方面相对落后，监管能力也不足。这将导致企业产生超额排放的观念，失去购买碳排放配额的积极性，从而直接影响碳交易市场的建立。

二是社会关注度、参与度不高。由于我国碳融资市场起步较晚，目前虽然政府大力倡导发展碳融资，但大多数国内企业并没有意识到碳融资的巨大商机，地方企业对碳融资的认识更加淡薄，金融机构重视度也不够，银行和企业没有参与，专业人才匮乏，碳融资市场的融资体系不完善，对未来行业的发展十分不利。

三是市场投入不足，创新能力差。低碳产业是一个绿色、高科技的新兴产业，我国一些相关领域的技术还不够成熟，造成低碳产业收益的不确定性，因此，存在着与投资不确定性相关的风险，与金融机构健全的投资风格不相匹配，因此碳金融市场的总投资额相对不足。同时，与传统的实物期货产品相比，碳排放权交易是一种虚拟权利，其交易规则必须非常严格，发展过程将非常复杂。由于其市场的特殊性，不同于传统的金融产品，海外客户可以方便地交易，合同期限较长和不同的地区标准无疑增加了交易的难度，非专业组织难以独立完成产品设计。在国外，大多数与碳有关的产品是由专业组织完成的，企业难以进行大量的项目和设计，与国外存在很大的专业差距，缺乏专门的技术人员来协助金融机构评估项目的风险和收益。

7.2 健全碳排放权交易市场体系

7.2.1 碳排放权法律与资本市场

研究碳排放权的法律属性，应从法学、经济学、环境学、公共管理学等领域进行分析，研究和确定碳排放权的法律所有权，应遵循必要性、可行性、合法性和阶段性的原则。

碳排放权主要有两种类型。第一类是国际气候变化法，它基于共同但有区别的可持续发展、公平和正义、碳排放者有权满足一个国家及其公民的基本需要和发展需要以及向大气排放温室气体的权利等原则。这种权利是一种精神权利，不是严格意义上的法定权利。第二类是碳交易制度下的碳排放权，即使用大气或大气环境容量的权利。这些权利可以私有化，并通过法律规定在市场上交易，以便在整个社会实现低成本的排放控制。在此背景下，碳排放权是当前理论研究和实践应用的主流。

对碳排放权法律属性的研究，可以从公权的起源和私权的特征两个方面进行探讨。在公共权利性质上，碳排放权的公共权利性质体现在以下两个方面：一是碳排放权的取得必须经主管部门分配或认证；二是碳排放权具有社会公益和生态功能。就私权的特性而言，碳排放权是权利人对一定数量的温室气体排放空间容量资源的使用权和收益权，属于私有财产权。一些学者认为，虽然碳排放权客体不能纳入产权理论中的典型客体范畴，但它具有产权客体的价值，通过对碳排放权客体的碳配额、碳减排证明等表述，碳排放权可以实现其概念上的特殊性和独立性，排放主体可以拥有和使用碳排放权，从中获取收益和其他目的，从而实现直接支配和排他性权利。但是这种所谓的占有和排斥，即使存在，也仅限于概念层面。碳排放权作为一种私权，其经济意义和法律意义仅在于其可用性和收益性，因此，许多学者将碳排放权视为一种准物权。

确定碳排放权的性质，尤其是碳排放权的法律性质，是构建碳排放权交易制度的关键。过去，碳交易的目标是服务温室气体排放控制，这反过来给排放控制公司带来了责任和义务，气候政策反映了积极的价值观。现阶段，随着2030年全国碳排放达峰和2060年碳中和目标的确定，碳排放权的法律所有权是基于碳中和的视角确定的，一方面，有必要分析碳排放权（资本化）和非碳排放权（非资本化）存在的问题和可能产生的影响，特别是在建立全国碳交易市场的过程中，碳分配资产的确定在一定程度上会使政府难以管理环境目标，影响国务院生态环境部门授予和撤销这些权利的灵活性和可操作性。另一方面，赋予碳排放权明确的法律性质，可以给市场参与者以法律安全感和确定性，提高市场透明度，保证参与者对交易市场的信心，有利于交易市场的健康有序发展，为金融机构接受和使用碳资产提供更加科学合理的法律和实践依据。

绿色金融本质上是一种应对全球气候变化的金融融创模式。绿色金融模式的出现及其立法创新是人类文明和法律意识的又一次突破，也是环境破坏后人类自我救赎的产物。绿色金融的产生和发展一直是现有法律框架内的一种转变。从经济学的角度来看，温室气体的排放是经济的一个外生变量，尤其是在工业革命、人类社会无限制地排放温室气体和大量含碳燃料的燃烧之后，学者加勒特·哈丁称之为"公地悲剧"。为了实现可持续发展的目标，建设绿色金融已成为世界各国的共同课题。2015年9月，中共中央、国务院发布《生态文明体制改革总体方案》，提出建立绿色金融体系，指出要推进和建立绿色信贷、绿色债券和绿色基金体系。后来出版的《关于构建绿色金融体系的指导意见》对绿色金融体系进行了详细解释，绿色金融包括"绿色信贷、绿色债券、绿色股票指数及相关产品、绿色发展基金"，以及"绿色保险、碳金融等金融工具"。

7.2.2 碳交易市场建设

有序建立了统一的全国碳交易市场，市场机制建设取得重大进展。2020年12月30日，生态环境部发布了《2019—2020年碳排放权交易配额总量设定与分配实施方案（发电行业）》，公布了2019—2020年碳排放总量控制与交易体系中的主要排放单位名单，包括两千余家发电企业及其发电厂。它包括配额管理下的主要排放单位名单、配额管理下的单位类型、配额总量、配额分配方法、配额的发放、配额的结算、主要排放单位的合并以及分离和关闭处理等八个部分。发电行业将根据目标行业的实际产出和先进碳排放水平，实行行业基准配额制，这种配额制是免费的，与实际产出挂钩，体现了奖励先进、惩罚落后的原则。

在市场结构方面，生态环境部按照国家有关规定，组织建立了全国碳排放权注册登记机构和全国碳排放权交易机构。全国碳排放权注册登记机构记录碳排放配额的持有、变更、清算、注销等信息，并提供结算服务，全国碳排放权交易机构负责组织实施全国碳排放权集中统一交易。2020年12月31日，生态环境部发布了《碳排放权交易管理办法（试行）》（以下简称《办法》），为全国碳交易市场的全面启动提供了基本指导。在产品交易方面，《办法》明确规定，在国家碳排放交易市场上交易的产品为碳排放配额，生态环境部可以根据国家有关规定，及时增加其他交易产品。至于参与者方面，主要排放者及遵守有关国家交易规则的机构和个人均为全国碳排放权交易市场的交易实体。在覆盖面上，温室气体排放单位符合"全国碳排放交易市场覆盖"和"年温室气体排放量2.6万吨二氧化碳当量"的标准，列入温室气体排放重点单位名单，被列入国家碳排放交易市场的主要排放者将不再参与地方碳排放交易市场试点。

2011年以来，我国先后在广东、北京、天津、上海、重庆、湖北、深圳等地开展了碳污染减排计划试点。截至2021年6月底，碳交易市场试点项目共涉及电力、钢铁、水泥等20多个行业的近三千家重点排放单位，累计配额营业额约为4.8亿吨二氧化碳当量，累计营业额114亿元人民币。我国各试点地区碳交易市场交易量情况，如图7-7所示。

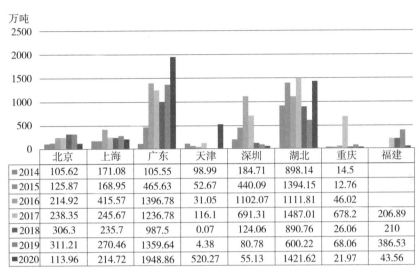

图7-7 我国各试点地区碳交易市场交易量情况
数据来源：中国碳交易网，国金证券研究所

2021年7月16日，全国碳排放权交易市场线上交易启动。发电行业成为第一个被纳入国家碳交易市场的行业，年配额超过40亿吨，标志着我国碳交易市场正式成为世界最大的市场。但与成熟的碳交易市场相比，我国的碳交易市场建设仍然面临着一些问题和挑战。我们建议：加快扩大全国碳交易市场的行业覆盖范围和全国碳交易市场的温室气体覆盖范围，控制甲烷等气体；加强有偿配额和抵消机制的设计；及时推进有偿配额和差别配置；把增强和发挥碳交易市场的金融属性作为碳交易市场建设的首要议题，加强碳融资和碳衍生品创新；允许金融机构及时参与国家碳交易市场，扩大排放控制企业节能减排的资金来源，通过自愿减排/碳共享等方式鼓励个人参与碳交易市场。将绿色旅游、绿化、节能、清洁能源等低碳行动转化为利润，推动建立碳交易市场监管新机制，充分发挥政府部门、交易所、第三方机构和行业协会的自律和社会监督作用。

完善碳交易市场监管机制，确保碳交易市场在指导资源配置开展低碳活动方面发挥有效作用。新的碳交易市场监管机制应统一设计、规范和监管碳现货市场和碳衍生品市场，使碳价格达到碳中和目标，引导所有企业（不仅仅是排控企业）积极减少碳低碳投资，建立充分参与金融资源和流动性的碳交易和碳衍生品市场，有效管理碳交易的潜在金融风险和其他风险,建立碳价稳定机制,防止碳价格出现极端波动。

本节通过比较国际碳交易市场发展经验和国内碳交易市场建设进展,分析了碳排放权的法律和金融属性,探讨了碳金融产品的作用和定位,提出了发展服务于碳达峰、碳中和目标的碳交易市场的思路和建议。

国际碳交易市场的发展经验

在全球范围内,碳交易系统(ETS)仍然是气候减缓计划的一个关键组成部分。四大洲有24个排放交易系统正在运行,另有22个正在建设或讨论之中。根据国际碳行动伙伴关系(ICAP)2021年全球碳交易市场进度报告,全球有33个不同的地区,包括一个超国家机构、8个国家、18个省和州以及6个城市,运营着24个大大小小的碳交易市场。这些管辖区占全球国内生产总值的54%,其碳交易市场占全球排放量的16%。到2020年年底,全球碳交易市场通过拍卖已经筹集了1030亿美元之多。排放交易系统往往利用拍卖所得资助气候变化部门的项目,包括能源效率、低碳运输发展和可再生能源发展。所得收入还用于支持能源密集型产业和支持弱势群体和低收入群体。

欧盟碳交易市场是世界上最大、最成熟的碳交易体系。欧盟碳交易市场的成功运作为全球利用市场机制减少排放提供了经验。欧盟碳交易市场已经完成了前三个阶段的运作,目前正处于第四阶段(2021—2030年)。以第三阶段(2013—2020年)为例,欧盟碳交易市场包括以电力和热能生产、炼油、金属冶炼、水泥、石灰、玻璃、陶瓷、化工和航空行业为代表的能源部门,从CO_2扩大到N_2O和$PFCs$,受管制的温室气体排放约占欧盟温室气体排放总量的40%。欧盟碳交易市场经历了探索和发展的前三个阶段,已经形成了比较完整的碳交易市场容量和配额分配、MRV体系、市场监管、衍生品交易、合规等核心机制。

在"限额与交易"领域,欧盟碳交易市场已经形成了自上而下的"限额与交易"(Cap-and-Trade)模式。欧盟采取了"限额与交易"政策,要求在第三阶段(2013—2020年)每年削减1.74%的总配额,并推动将拍卖等有偿配额作为配额分配的主要模式,其中57%的配额得到了支付。此外,考虑到碳泄漏的风险,欧盟碳交易市场推动了配额拍卖,在第三阶段,电力部门率先拍卖了100%的配额。

就MRV而言,欧盟碳交易市场由具有统一监测和报告条例的法律框架管理,欧洲联盟委员会以统一方式管理核查机构和与核查有关的事项。

在碳交易领域,欧盟碳交易市场已经形成了以现货和衍生品交易为重点的多层次碳交易市场。它建立了洲际交易所集团交易所(ICE)和欧洲能源交易所(EEX)等综合交易平台,碳配额、减排证书和相应的期货期权等衍生品交易,碳排放权的商品和金融属性逐渐增加,市场参与者不仅包括排放控制公司,还吸引了投资银行、对冲基金、私募股权和证券公司,甚至私人投资者等金融机构参与竞争和多元化。随着欧盟碳交易市场的成熟,交易量逐年增加。例如,配额交易量从2005年的9400万吨增加到2020年的116亿吨左右,欧盟碳衍生品交易量是现货交易量的数十倍。

欧盟碳交易市场历史交易价格差异较大,交易品种价格差异较大。例如,欧盟碳交易市场第一阶段的价格已经从最初的 20 欧元/吨以上暴跌到每吨不到 0.1 欧元/吨，这主要是由于配额发放过多和配额无法储存等因素造成的。在第二阶段，配额价格也从 10 欧元/吨下降到 5 欧元/吨左右。虽然在这一阶段收紧了配额发放，但受到金融危机和欧洲债务危机的影响，市场对配额的需求已经下降，配额过剩的问题仍然存在，导致配额价格下降。到 2020 年，配额的第三阶段价格已经从 5 欧元/吨上涨到 30 欧元/吨，特别是在配额价格大幅上涨的 2018 年之后。一方面，随着全球经济的复苏，企业对配额的需求增加，另一方面，欧盟引入了市场稳定储备机制（MSR），减少了市场中的过剩配额，稳定了市场。此外，受欧盟碳交易市场需求和合规限制的 CERs 价格近年来一直压低在 0.3 欧元/吨左右。

经过多年的探索和完善，欧盟碳交易市场在促进碳减排方面发挥了重要作用。到 2018 年年底，欧盟固定设施的排放量比 2005 年下降了 29%，欧盟排放交易体系的排放量比 2018 年下降了 8.9%，欧盟排放交易体系已经实现了 2020 年的目标。此外，欧盟碳交易市场拍卖机制的引入创造了拍卖收入，用于推广节能减排技术、新能源技术、气候行动和建立气候基金，推动欧盟碳行动的着陆。此外，欧盟碳交易市场还通过清洁发展机制（CDM）和联合履约机制（JI）购买碳减排，鼓励更多全球行为体以适合自身发展的方式加入全球减排团队，向发展中国家传播低碳发展的概念和碳排放交易体系的运行机制，促进参与国之间的合作，加快环境治理，推动低碳排放减排项目，推广低碳排放减排技术，在促进和推动全球减排方面发挥了重要作用。

2019 年 12 月，欧盟委员会宣布了一项旨在应对气候变化和促进可持续发展的"欧洲绿色协议"。该协议提出，到 2050 年，欧洲将成为世界上第一个"碳中和"地区，二氧化碳净排放量将降至零。为此，欧盟制定了详细的路线图和政策框架。欧盟已经提出了一个"可持续的欧洲投资计划"，其中至少 25% 的欧盟长期未来预算用于气候行动。欧洲投资银行还推出了一项新的气候战略和能源贷款政策，以便到 2025 年将与气候和可持续发展有关的投资和融资比例提高到 50%。2020 年 3 月，欧盟委员会发布了第一份《欧洲气候法》提案，提出到 2050 年实现气候中和的目标，通过减少排放、投资绿色技术和保护自然环境，实现整个欧盟的温室气体净零排放。该法旨在确保欧盟的所有政策都有助于实现这一目标，并确保所有经济和社会部门发挥作用。同时，欧盟还将通过税收、贸易、公共采购等国内外政策，促进欧盟气候行动和经济转型的顺利进行。

2021 年 7 月，欧盟委员会提出了期待已久的 2021 年立法改革提案（"Fit for 55"提案），以改革欧盟的排放交易体系。这项改革将确保欧盟的排放交易体系达到欧盟的内部目标，即到 2030 年将排放量在 1990 年的基础上减少 55%。该计划将扩大欧盟的碳排放交易体系，从航运到建筑和运输。与此同时，欧盟碳边境调整机制（CBAM）和差价合同将使欧盟能够将重点从电力行业的脱碳转向工业脱碳。

7.2.3　绿色供应链

绿色供应链基本含义就是把环保节能等"绿色"因素融入整个供应链，使企业充分利用具有绿色优势的外部资源,并与具有绿色竞争力的企业建立战略联盟,使各企业分别集中精力去巩固和提高自己在绿色制造方面的核心能力和业务,达到整个供应链资源消耗和环境影响最小的目的,是基于绿色制造理论而产生的现代管理模式,其贯穿生产、供应、消费、销售及回收等多层级的市场。绿色供应链理念要求企业在对内外资源进行协调以满足消费需求时,在整个订单处理周期中落实环境管理,确保在整个供应链运行过程中实现无环境隐患、污染物及废弃物的目标,兼顾经济效益与环境效益,减缓环境压力。

绿色供应链管理是在传统供应链的基础上发展起来的,在供应链管理中纳入了环保理念,要求在产品的全生命周期中强调绿色设计、绿色采购、绿色生产、绿色包装、绿色消费等,从而减少给环境带来的危害和影响,提高资源利用效率。绿色供应链管理示意图,见图7-8。

图7-8 绿色供应链管理示意图

(1)绿色设计,也称为生态设计、环境设计、生命周期设计等,即在产品全生命周期内,着重考虑产品环境属性,并将其作为设计目标,在满足环境目标要求的同时,保证产品应有的功能、使用寿命、质量等。

(2)绿色采购制度是在传统的政府采购制度基础上的绿化创新,即对政府的采购活动实施环境管理,通过运用各种环境管理手段,实现节约资源、保护环境、促进经济社会可持续发展的目标。

(3)绿色生产是以节约能源、减少消耗、减少污染为目标,通过管理和技术手段在工业生产全过程中实施污染控制的综合措施。

(4)绿色包装,又称生态包装。是对生态环境和人体健康无害,能循环利用和再生利用,可促进国民经济持续发展的包装。也就是说,包装产品从原材料选择、产品制造、使用、回收和废弃的整个过程均应符合生态环境保护的要求。

(5)绿色消费是指消费者对绿色产品的需求、购买和消费活动,是一种具有生态意识的、高层次的理性消费行为。绿色消费是从满足生态需要出发,以有益健康和保护生态环境为基本内涵,符合人的健康和环境保护标准的各种消费行为和消费方式的统称,主要表现为崇尚勤俭节约,减少损失浪费,选择高效、环保的产品和服务,降低消费过程中的资源消耗和污染排放。

7.2.4 环境权益交易

碳排放权交易、用能权交易都是利用市场手段,将外部环境资源问题内部化的环境权益交易制度。随着我国碳排放权交易市场的逐步发展及用能权试点的初步探索,以环境权益交易制度为典型的市场化交易机制逐渐成为我国解决环境气候变化问题的主要政策引导工具。但随着碳排放权交易和用能权市场的飞速发展,环境权益交易对企业的生产经营活动、会计确认计量、信息披露报告等都产生了一定的影响。

在碳排放权交易市场建立初期,部分碳交易所与平台在日常的实际交易过程中,通过与客户、会计师事务所进行交流,对会计处理规范进行了小范围的统一,并发布具有指导性质的会计处理规范。截至2016年9月,北京(内部管理办法)、广州与深圳(正式行文发布)三市场制定了碳会计处理办法的指导意见。2019年财政部会计准则委员会发布《碳排放权交易有关会计处理暂行规定》。上述规范办法和暂行规定对碳排放权交易过程中的配额取得、交易、实际排放、期末履约等会计处理进行规范,一定程度上推动了我国碳排放权交易准则的发展和完善,但2019年的《碳排放权交易有关会计处理暂行规定》仅将碳排放权交易作为营业外收入、支出计量,过于简化的会计处理逐渐不能适应碳排放权交易的快速发展。另外,由于用能权交易规模较小,交易集中在浙江、河南等少数省份,其会计处理的研究较少、会计制度现仍缺失。

现阶段,我国碳排放权交易、用能权交易市场主要的交易产品是依据国家温室气体排放总量控制目标以及各类能源消费总量控制目标向重点排放、耗能单位无偿分配的碳排放、用能配额。确定为重点排放、用能单位的主体在碳排放权、用能权交易所注册登记、统一开户,自行支配年度内政府分配的配额。

对于富余的年度配额,企业可选择通过单向竞价、协议转让、有偿竞买等方式将企业持有的环境权益在环境权益交易市场进行出让;符合规定的其他组织和个人也可在交易市场进行配额交易;生产过程中配额不足的企业,可在规定时间内通过交易市场进行买卖申报,购买配额指标。在环境权益交易年度末期,企业需将年度期限内的能源使用和碳排放情况报送相关主管部门,相关机构自行或聘请第三方机构对报送结果进行核查,企业根据核查结果向主管部门进行配额核销,完成履约过程,具体交易过程见图7-9。

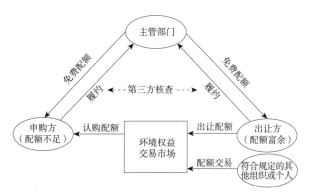

图7-9 环境权益交易简易流程图

7.2.5 金融科技

金融科技是技术驱动的金融创新。《中国金融科技创新发展指数报告（2018）》（张宁等，经济科学出版社）将金融科技定义为"金融核心要素的科技化及其表现"，从而体现出金融科技的本质特征是"金融核心要素的科技化"。金融中的核心要素是以数据为基础的信息、信用和风险。它实际上体现为金融中数字经济的发展过程。为了实现碳中和，我国在未来30年需要数百万亿元的绿色投资。过去，中国绿色金融的主要业务集中在支持相对容易识别的绿色基础设施项目。但是，未来的绿色金融业务，必须支持绿色农业、绿色消费、绿色建筑、绿色小微企业，它应该基于测量几乎所有经济活动的碳排放量和足迹。数字经济经过互联网、大数据、人工智能等技术不同程度地锻造和重塑，正在形成自己的独有模式、特定方向和价值。

这些子领域的绿色金融需要大数据、物联网、人工智能、区块链等金融技术手段来实现。在农业、消费、建筑、小微企业等领域，金融科技可以更有效地识别绿色资产、项目、产品和服务，收集、跟踪、处理和分析环境绩效数据，并支持绿色资产交易平台。此外，金融科技还可以为金融机构提供解决信息不对称问题、降低成本和提高低碳资产识别、转型风险量化和碳资产披露等领域效率的工具和方法。近年来，利用金融技术支持绿色低碳发展和绿色金融的范围和深度不断扩大，覆盖了绿色资产识别、数据和量化、认证和可追溯、风险和能效管理、信息披露和共享平台等领域。借鉴绿色金融发展的经验，金融科技亦可应用于规管政策工具服务、企业碳中和管理服务、气候风险分析及其他分区。

本部分首先概述了国际上金融技术支持碳中和的应用情况、国内金融支持碳中和的探索经验，并从监管机构、金融机构、绿色金融市场建设和碳交易市场发展等方面提出了进一步发展金融技术支持碳中和的建议。

1. 金融科技支持碳中和的国际经验

2016年，联合国环境规划署首次提出，金融科技可以成为绿色金融的一个重要工具。2017年在意大利举行的七国集团峰会，宣布了通过金融科技促进中小企业绿色金融的国际平台。同年，G20轮值主席国德国重新启动了绿色投资平台，提议在发展中国家开展金融科技绿色金融。瑞典的"斯德哥尔摩绿色数字金融"（SGDF）小组就是这种趋势的结果。蚂蚁金服和联合国环境规划署在达沃斯世界经济论坛上发起了"绿色数字金融联盟"，旨在挖掘商业创新驱动的潜力，以更好地适应可持续发展需要的方式重塑金融体系。2018年，经合组织和联合国启动了绿色金融平台，旨在解决可持续金融领域的关键知识缺口。2020年12月，新加坡金融管理局推出了"绿色足迹"（Project Greenprint），金融技术协会/新加坡分会成立了绿色和可持续金融技术小组委员会，以整合金融技术生态系统，重点推动行业项目实现绿色金融。2021年5月，G20轮值主席国意大利和国际清算银行创新中心启动了G20 TechSprint 2021，以强调新创新技术在应对绿色和可持续国际清算银行挑战方面的潜力。这些举措以及各组织的成立或声明表明，金融技术正在成为推动绿色金融和促进企业绿色转型的关键驱动力之一。

2. 中国金融科技支持碳中和的探索与实践

我国金融科技在支持绿色金融业务发展方面积累了一定的实践经验，金融科技将在实现碳峰值、碳中和的过程中发挥更大的作用。2020年12月9日，中国人民银行行长易纲在新加坡金融科技节上发表演讲时表示，中国人民银行将继续探索利用金融科技发展绿色金融。2021年1月26日和28日，中国银监会和中国证监会分别召开了系统工作会议。两次会议都提出要加强科技应用，加快科技与监督的深度融合，加强科技对监督的有效支持。会议强调，"在监管实践中，逐步深化了对新时代金融工作的认识""通过改革开放、推动创新和科技赋能，使我国金融业不断迸发出新的生机和活力"。中国证监会2021年资本市场工作的六大重点是"加快推进科技和监管深度融合""大力促进大数据、云计算、区块链、人工智能等创新科技在行业的推广应用，提升行业科技安全管理水平"。国内金融科技企业、地方政府和监管机构已经开始具体应用金融科技支持各个领域的绿色金融。以下是几个案例的简要概述。

（1）在环境和绿色金融监管中的应用

监管机构可以利用大数据、数据科学、人工智能等科技手段，制定技术标准，整合金融机构的各种金融数据，建立绿色金融产品管理系统，鼓励金融机构提高金融业务管理能力。

生态环境部设立的生态环境数据中心，包含十大类资源数据，包括环境质量信息、生态环境信息、污染源信息、环境管理业务等，并向公众提供各种形式的环境数据分析报告，例如空气环境质素、水环境质素、自然保护区等。地方政府、企业和其他用户可以通过预留的API接口访问数据中心相关数据。生态环境数据中心通过大数据的建设与应用，促进了信息资源的整合与互联，数据的开放共享，促进了业务协同，不仅提高了环境数据的应用效率，而且为各类项目评价提供了有效的数据支持。

中国人民银行牵头开发了绿色金融监管综合信息系统，在湖州进行了试点，要求金融机构实时推送绿色金融数据。利用金融技术，系统能够准确识别和标记符合监管口径的绿色信贷数据，实现监管数据的及时生成、统计和推送。该系统还可以根据用户的不同视角，直观地显示条形图、雷达图、趋势线等标准报表和个性化报表，特别适用于管理人员的日常管理。同时，该系统还可以提供多种口径、多维数据分析和统计功能。

（2）在绿色金融政务服务中的应用

许多政府机构在大数据、人工智能和云计算技术的帮助下建立了绿色、低碳的金融服务平台。一些地方政府已经开始整合各部门的环境和气候数据，将金融机构和信贷产品结合在一起，逐一建立绿色低碳的综合金融服务平台，以解决中小企业在环境风险识别、环境效益计量需要专业化、高成本和相应项目、企业融资等方面的问题。建立地方一体化的绿色低碳金融服务平台，可以帮助银行和企业高效完成融资，提供绿色低碳金融专业服务，缩短融资过程，提高风险控制效率，实现政府、金融机构和企业的互利共赢。在湖州,市政府利用大数据、云计算等技术建立"绿色信贷""绿色金融"和"绿色通信"平台,为中小企业提供环境、社会和治理三个维度的评估、绿色识别、银行贷款、政策担保、股权融资、政策执行等全生命周期绿色金融服务,支持中小企业的绿色可持续发展。截至2021年8月,该平台已对763家绿色企业、137个绿色项目和24216家授信企业进行了评估。该平台已帮助中小企业完成融资2493.98亿元。

(3)在助力金融机构绿色金融业务中的应用

金融机构可以将绿色数字基础设施应用于金融产品的业务流程管理。数字技术的应用可以有效地提高金融机构的绿色识别能力,提高环境风险管理能力,同时降低金融机构的管理成本,提高金融机构的效率,发展绿色创新业务。

金融机构可以利用大数据平台监测环境和气候风险,并进行预警处置。中国部分金融机构已采用数码技术,整合和分析环境罚款、企业排放和负面环境非结构化数据等信息,为金融机构客户建立环境气候风险监测和预警系统,帮助金融机构尽快识别客户的环境气候风险,并为金融机构制定相应的战略和计划提供有效支持。例如,平安银行的"平安绿金"大数据智能引擎集成了人工智能、大数据、云计算、物联网、区块链等多种前沿技术,通过天空(卫星、无人机)、地球(环境监测物联网)、人民(舆情/媒体)等渠道的融合,实时监测环境、污染源、气象、环境影响评价、舆论等多维数据,利用机器学习算法提高银行环境气候风险管理信息自动化和智能化水平。

金融机构可以依靠人工智能技术构建绿色智能识别工具和环境效益测量工具。国内一些金融机构已经建立了能够同时映射国内外各种绿色标准的情报,选择绿色智能识别工具,用于解决金融机构绿色、企业绿色项目识别难、国内外绿色标准不统一等问题。具体来说,一些金融机构利用基于多种绿色标准的人工智能算法,根据多种绿色评价标准的结果,对项目和企业进行基于信用资产信息的匹配,进而为金融机构识别绿色项目和绿色企业提供参考。通过人工智能、机器学习、人类判断错误纠正、改进和连续数据训练,苏州农商银行建立了一个准确度越来越高的绿色智能识别工具,实现了绿色贷款在线自动"二次识别",提高了绿色信贷业务的整体效率和质量。另外,通过嵌入式环境效益测量模块实现了对工程环境效益的测量和动态跟踪。

金融机构可以利用大数据、云计算和人工智能技术对企业和项目进行ESG(环境、社会和公司治理)评价和业务流程集成,实现非金融信息信用风险的应用和管理。金融机构可以利用大数据来揭示环境、社会和治理风险,提高尽职调查的质量和效率,并利用深度学习技术来探索ESG评估与客户信用风险、前端风险管理之间的关系。湖州银行通过建立企业信用客户ESG评价体系,在评价体系的设计中,将"业务发展"和"风险管理"目标深入整合到ESG评价标准中;在系统开发中,利用数字技术实现100%自动计算、ESG风险动态监测和标准自动生成,规范ESG信息披露统计。

(4)在其他领域的运用

一些科技公司建立了智能绿色低碳营销库,将大量存储的数据转化为识别推广绿色和低碳偏好的价值。通过收集用户的社会、消费、信用和交易行为的数据，这些科技公司可以创建一幅企业或个人用户的绿色和低碳行为图景，分析他们对绿色和低碳活动的需求和偏好，建立一个精确的营销推动计划，以促进绿色金融的发展。一些平台公司和经销商利用大数据和人工智能技术，全面、及时地解读相关产业政策，整合分析各金融机构提供的绿色金融产品的特点，建立绿色金融产品数据库，并结合用户特点，精细匹配绿色金融服务产品。

7.3 发展绿色金融体系

7.3.1 绿色金融产品

创新型金融产品，如转型并购基金、转型贷款、转型债券、转型担保、债转股等，以满足不同类型的转型企业和融资需求。近年来，发达国家银行业金融机构在绿色金融产品方面进行了许多创新。除了传统的绿色和可持续贷款、能源效率贷款外，它还在企业业务领域推出了可持续绩效挂钩贷款、可持续绩效挂钩债券、过渡债券、蓝色债券、社会债券、绿色供应链金融产品、绿色 ABS、绿色基础设施房地产投资信托基金、碳融资等产品。在个人绿色金融产品领域，推出了绿色住房抵押贷款、绿色汽车贷款、绿色信用卡和借记卡等。

碳金融市场的发展过程是从碳配额和碳减排现货市场发展到包括各种碳衍生品交易工具和金融服务在内的碳金融市场。在深化碳交易市场金融特性的过程中，最早出现的产品是碳配额、项目减排等碳资产，随后，碳托管、碳回购、碳远期、碳掉期、碳基金、碳债券、碳类期货等碳金融产品和工具逐渐出现。碳融资产品可以帮助市场主体规避碳交易市场风险，为碳资产保值增值提供渠道，拓宽企业融资渠道，提高碳交易市场的流动性。各类绿色金融产品，见表 7-3。

各类绿色金融产品　　　　表 7-3

客户类型	产品分类	产品范例
企业客户	传统信贷类产品	项目融资、银团贷款、流动资金贷款等
	特色信贷类产品	能效融资、转贷款、碳资产质押贷款、排污权抵押贷款、特许经营权质押贷款、合同能源管理专项融资产品、林权抵押贷款、光伏贷、环保贷、绿票通等
	非信贷类产品	提供保函、委托贷款、绿色债券、绿色资产证券化、绿色基金、绿色信托、绿色租赁等
个人客户	信贷类产品	绿色消费贷款、绿色按揭款
	非信贷类产品	绿色理财、绿色信用卡、绿色柜台债

资料来源：兴业研究。

我们的碳交易市场试点计划已推出多种形式的碳融资融创，以推动碳资产管理和活化碳交易市场交易。碳金融产品的种类越来越多，包括碳远期、碳掉期、碳债券等交易工具，配额抵押融资、配额回购、配额托管等融资工具，以及碳指数和碳保险等配套工具。

然而，由于我国试点碳交易市场流动性差、市场分散、基本资产定价不明确，金融机构和投资者对碳金融产品及其使用意愿关注不够。随着全国碳交易市场和2060年碳中和目标的推进，碳交易市场的流动性将得到显著改善，碳价信号将更加有效，碳金融市场将更加完善，金融机构等市场参与者对碳产品的需求将大幅度上升。

【知识补充】创新金融产品满足不同转型路径的融资需求

截至2020年年底，我国金融机构总资产超过300万亿元，其中银行融资机构贷款余额超过170万亿元，而绿色贷款仅占10%左右。这意味着，我们绝大部分的金融资产及其支持的经济活动都需要进行转型，才能在2060年达到碳中和。在这一过程中，我们需要推出多种金融产品来支持过渡，包括转型基金（含并购基金）、转型贷款、转型债券、转型担保等其他类型的融资工具，也可以探索使用债转股来支持过渡。其中，专业股权投资转型基金将发挥关键作用。这是因为许多需要转型的高碳企业往往面临负债率过高、难以获得债务融资的问题，因此解决其转型问题的第一步就是补充资本。此外，许多银行在高碳行业面临股票贷款违约的风险。要积极探索债转股等工具，积极推进高碳企业转型，把成功转型作为化解金融风险的关键措施。

银行绿色金融产品与服务创新不断从表内业务向表外延展：

第一，委托贷款和提供融资保函成为绿色融资新形式。在气候投融资领域，中国清洁发展机制基金与商业银行合作"绿创贷"，形成了银行作为委贷行承担基金的委托贷款业务、银行提供保函保障基金安全、银行与基金一起为企业提供贷款等多种合作模式，并且在商业银行与清洁基金合作的过程中，很多地方财政为这些气候投融资项目提供了贴息，进一步降低了企业开展气候项目的资金成本。

第二，不断推出银行绿色理财产品。例如，兴业银行在2016年面向个人投资者发行的"万利宝-绿色金融"开放式理财产品，短短六天募集理财资金100多亿元，该产品受到投资者的热捧，募集到的资金主要投向绿色环保项目和绿色债券。中国银行在2019年首推绿色证券主题理财产品，该产品面向个人和机构投资者发售，业绩比较基准在3.55%~4.10%，募集规模上限为50亿元。绿色证券（包括但不限于绿色债券、绿色资产支持票据、证券等）是依法发行的、募集资金用于支持绿色产业并按约定还本付息的有价证券。其绿色证券主题理财产品具有定期开放、续期方便和起点1万元、费率优惠等产品优势。

第三，银行不仅是绿色债券的主要发行方，也成为绿色债券的主要承销方和投资方。2019年，在国内发行的贴标绿色金融债券和绿色债务融资工具中，银行承销额分别达到374.4亿元和308.5亿元，份额占比分别为47.8%和95.5%。近些年，在国内绿色金融债券承销方面，银行所占份额有所提升，从2016年的41.9%上升至2019年的47.8%；而在绿色债务融资工具承销方面，银行则一直占据主导地位，除了2017年的占比稍有下降，至80.7%外，其他年份的占比均超过95%。

【转型金融产品的案例】

符合上述定义和标准的金融产品于2019年首次由法国东方汇理银行和意大利电力公司

推出。2019年11月，法国东方汇理银行宣布发行10年期债券，票面利率为0.55%，规模1亿欧元。所有筹集到的资金将用于碳密集型行业的低碳转型项目（如液化天然气船舶、节能行业和依赖煤炭发电的国家的燃气发电设施），预计该项目每年将减少约2.65万吨碳排放。

同年9月，意大利国家能源公司（ENEL）发行了15亿欧元的5年期债券，一个月后又发行了25亿欧元的三级结构性债券。国家电力公司将这种债券定义为与联合国可持续发展目标相关的公司债券，而不是绿色债券，并提出了一个量化转型目标：到2021年，该公司在可再生能源发电中的份额从48%提高到55%。此外，如果这家2021年上市的公司未能达到这一目标，债券的年利息率将上调25个基点。为此，该债券还将接受第三方审查，并将成为该公司年度审计的一部分。

此外，法国施耐德电气在2020年发行了6.5亿欧元的可持续挂钩可转换债券。可转换债券是零息债券，有明确的过渡路径和目标，有惩罚机制，年复一年地发布业绩报告。该公司承诺到2025年将其客户的碳排放量减少8亿吨，到2040年实现端到端供应链碳中和，如果未能实现过渡目标，将向债券持有人支付额外金额，约为其债券面值的0.50%。

2021年，酒精饮料生产商百威英博推出了101亿美元的可持续发展周期信贷工具，明确了到2025年将公司碳排放量减少25%的过渡目标，并建立了价格激励机制，即贷款利率将根据公司实现转型目标的程度进行调整。该公司还有四个关键绩效指标：

（1）进一步提高公司全球啤酒厂的用水效率，以支持其水资源管理目标；

（2）增加PET包装的可回收含量，以帮助实现再生包装目标；

（3）到2025年，100%的电力供应将来自可再生资源；

（4）作为基于科学的气候行动目标的一部分，减少温室气体排放。

7.3.2 绿色投行与绿色资管

投资银行、券商和银行参与证券承销和交易中介，可以利用自己的特殊地位的投资和融资活动的影响力，促进客户甚至整个社会的ESG投资理念。这些组织可能是基于领先的国际贸易的经验，在各领域践行ESG商业元素，特别是：

（1）扩大绿色债券产品供应，提高产品创新能力。提供更多元化的绿色金融产品和社会责任债券、碳融资等投资机会；推动绿色债券发行，在国内绿色债券市场建立基准价格；优化绿色地方政府债券，提高绿色债券产品市场占有率；加大对碳中和债券的支持力度，鼓励高碳企业向低碳转型；在我国引入更多的国际机构发行绿色熊猫债券。

（2）ESG标准可以纳入股票和债券发行的承销、并购和融资，定价可以根据发行人或并购主体的ESG评级进行区分。因为ESG评分往往与发行人的财务风险成反比，投资银行可以在引入过程中披露甚至强调发行人的ESG评分，从而引导市场实现差别定价，影响发行人的融资成本。此外，对ESG绩效特别差的公司也可以建立一个"负面清单"，拒绝为此类发行人承销股票或债券。这种安排将迫使发行人改进其ESG管理，并成为投资银行发挥其社会影响力和践行ESG原则和概念的重要手段。

（3）在投资研究方面，股票分析师可以将公司的 ESG 风险评估纳入股票评级和推荐，并在研究报告中提供公司的 ESG 评级，以帮助投资者更全面地了解股票的投资价值和风险。加强分析师在环境和气候领域的风险分析能力，为客户提供可靠的数据分析和投资建议。

（4）在融资融券交易、股权质押和拓展业务中，融资成本和杠杆率可以根据融资目标的 ESG 评级来确定，这是推动 ESG 实践的另一种方式。

7.3.3　银行与绿色贷款

在碳中和的背景下，银行不仅可以在自己的业务中取得碳中和，还可以在促进实体经济的碳中和方面发挥关键作用。本部分主要介绍国际银行业在实现碳中和方面的经验，并总结国内银行在碳中和战略规划、产品创新和压力测试等方面的成就，分析银行业在"双碳"目标下面临的机遇和挑战，并提出相关建议。本部分主要介绍国际银行业在实现碳中和方面的经验。

我国银行业的绿色金融实践在监管部门的指导下得到了迅速发展，并在战略规划、产品创新和风险分析等方面取得了一系列成果。

【中国银行业开展绿色金融的成就】

2012 年，中国银监会发布了《绿色信贷指引》，2013 年发布了《绿色信贷统计制度》。2016 年，包括中国人民银行、财政部和国家发展改革委在内的七部门联合发布《关于构建绿色金融体系的指导意见》。政策驱动的绿色信贷增长加快，据中国人民银行统计，截至 2020 年年底，全国绿色贷款余额达到 11.95 万亿元，占未偿还人民币贷款总额的 6.9%。2020 年，绿色贷款比上年增长 20.3%，全年新增贷款 2.02 万亿元。同年，中小型银行的绿色贷款增长较快，分别比上年增长 25.5% 和 22.4%。同时，绿色贷款资产质量普遍较高，截至 2020 年年底，绿色不良贷款余额 390 亿元，不良贷款率为 0.33%，比同期企业贷款不良率下降 1.65 个百分点，比年初下降 0.24 个百分点。大中型银行绿色贷款不良率分别为 0.19% 和 0.39%，较年初分别下降 0.37 和 0.14 个百分点。

2021 年 8 月，中国人民银行颁布了首部绿色金融标准，其中包括两部行业标准，即《金融机构环境信息披露指南》（JR/T 0227—2021）和《环境权益融资工具》（JR/T 0228—2021）。《金融机构环境信息披露指南》旨在规范金融机构的环境信息披露，更准确地指导向绿色和低碳部门分配财政资源，并帮助金融机构和利益攸关方识别、量化和管理与环境相关的金融风险。《环境权益融资工具》明确了环境权益融资工具的分类、实施主体、融资目标、价值评估、风险控制等一般要求，以及环境权益回购、贷款、抵押贷款等典型实施过程，为企业和金融机构开展环境权益融资活动提供了指导。

国内一些领先的机构在与碳中和相关的战略规划、产品创新和风险分析方面作出了许多有益的尝试。例如，中国工商银行的《2021—2023 年发展战略规划》为未来三年建设绿色金融体系设定了目标、路径和工具。通过绿色信贷政策，支持经济资本占用、授权、定价、规模化等措施，支持低碳产业发展，推动投融资组合低碳转型，加强气候风险管理，强化投融资碳计量基础，系统地推动有关碳达峰碳中和的工作。中国银行已经制定了中国银行业"碳达峰碳中和"目标的行动计划，旨在"十四五"期间向绿色产业提供至少1万亿元的金融支持。在中国，公共"高能耗、高排放"产业的未偿还信贷比例逐年下降，中国银行将加大对绿色项目的信贷支持力度，如减排技术升级、清洁高效利用化石燃料、灵活改造燃煤电厂等。从2021年第四季度开始，除了已经签署的项目外，中国银行将不再为海外新的煤矿和煤电项目提供融资。

国内银行正在积极创新产品，以支持碳中和。例如，由华夏银行承担的世界银行京津冀城市群的大气污染防治融资创新项目，引入了注重成果的贷款管理工具，创新性地将资金支付与项目实施的环境效益联系起来，并在平衡项目的经济效益和可量化的环境效益后确定贷款条件，该项目由世界银行提供4.6亿欧元再融资，华夏银行配套不低于等值人民币贷款，可为北京、天津等8个地区的能效、可再生能源和大气污染控制等子项目提供融资支持。截至2020年11月，京津冀城市群"大气污染防治融资创新项目"共投资27个子项目，总投资46亿元。兴业南平分行与福建省南平市顺昌县国有林场签订林业碳汇质押贷款和远期约定回购协议，通过"碳汇贷款"综合融资项目向林场提供贷款，这是福建省首个以林业碳汇作抵押的案例，也是全国首个以长期碳汇产品作为协议回购融资项目主体的案例。中国银行在湖州推出"碳效码"，基于评估结果，湖州市经济信用局联合启动了"工业碳信用"服务项目，该项目将企业"碳效码"评估结果作为整个信用过程的重要参考因素，目的是通过采用不同的方式引导关键信用资源向绿色低碳方向倾斜。

2016年，中国工商银行以"自下而上"的方式和"财务传导模型"对火电和水泥两个行业进行了环境压力测试，主要结论是，环境标准的提高将对火电行业产生结构性影响，并对中小企业产生更明显的财务压力。2017年，中国工商银行和Trucost发布了一份针对中国铝业环境压力测试的分析报告，重点关注环境税对企业财务成本的影响。2019年，中国工商银行对火电行业碳交易对商业银行信用风险的影响进行了压力测试，结果表明，碳交易对火电企业的财务绩效有显著影响，在轻度、中度和重度压力条件下，火电行业单位成本分别上升了0.23、1.89和6.7分/度电。此外，中国工商银行还进行了"环境政策变化对商业银行钢铁行业信用风险影响的压力测试分析"。

2020年，兴业银行湖州分行对湖州地区的绿色建筑行业信贷资产开展环境压力测试。根据试验结果，建议进一步提高绿色建设项目的信用，将环境因素和指标纳入风险控制和信用过程，加强环境风险管理基础数据的完整性。同年，江苏省银行对制药化工行业进行了环境压力测试，对不同压力情景下的环境风险进行了定量分析和识别，根据纺织行业信贷客户的特点，构建了环境风险的压力传导路径。

2021年，招商银行考虑了碳达峰和碳中和对高污染行业（主要是煤电、水泥等高碳行业）贷款的短期、中期和长期影响，涵盖了14个典型的高污染行业，包括煤电、钢铁和铝业，并对企业和银行在轻、中、重三种情景下的风险传导路径进行了分析，以检验碳排放成本等气候相关风险因素对银行核心业务不良贷款率和资本充足率指标的影响。

此外，一些国内银行也开始尝试推动自身运营碳中和。2021年，华夏银行表示"力争到2025年实现碳中和"，而兴业银行也宣布"力争到2030年实现碳中和"。以华夏银行为例，全行倡导绿色办公，着眼于降低资源消耗、提高能效、减少环境危害排放，全面推行低碳经营，促进绿色发展。

7.3.4 绿色建筑保险

为支持低碳经济转型，我国一些保险公司开始尝试为绿色建筑、光伏发电和绿色技术设备行业提供创新的绿色保险产品。根据世界银行的预测，到2030年，全球要实现节能减排的目标，70%的减排潜力在建筑节能方面，建筑业绿色发展是必然趋势。根据现状，我国绿色建筑产业的发展面临着绿色信贷发放与绿色建筑绩效鉴定时间错配的问题，即绿色建筑在建设初期需要资金，由于未来绿色建筑的建设没有保证，很难提前获得绿色贷款，建设完成后可以获得绿色认证时，已没有资金需求。

针对绿色建筑发展中存在的时间错配问题，保险业推出了绿色建筑性能保险，以保护绿色建筑预定星级目标与实际星级之间的偏差风险。运作流程如下：在开发建设绿色建筑项目之前，开发建设企业向政府承诺购买绿色建筑性能保险；保险公司出具保单后，指定绿色建筑风险管理机构负责项目全过程的风险管理服务，持有绿色建筑业绩保单的开发建设单位可以向银行申请绿色信贷；在绿色建筑项目的开发和建设中，保险公司指定的绿色建筑风险管理机构为企业提供风控服务，预测绿色建筑性能指标设计的落实，识别绿色建筑性能指标在建设过程中与设计的偏差，并提出改进建议；绿色建筑项目开发建设后，保险单在项目获得绿色建筑标识并达到预定星级目标后终止，如不能改造保险公司则对项目进行赔偿。绿色建筑绩效保险具有事前信用提升、事后风险控制服务、事后损失补偿"三位一体"的功能，有望形成一个可持续的、可复制的模式来支持绿色建筑的发展。中国人民财产保险股份有限公司已推动绿色建筑性能保险在北京、青岛、湖州和苏州试点。

此外，为了促进既有建筑的节能改造，保险业还推出了建筑节能保险。保险公司负责组织风控服务机构对改造工程的全过程进行监督，并在运行期间通过科技手段对工程节能效果的指标数据进行实时监测。运行期间未达到节能目标的，由保险公司负责补偿项目的节能整改费用，或对超标的能耗进行经济补偿。中国人民财产保险股份有限公司正在青岛试点"减碳保"建筑节能保险，为青岛蓝海大酒店（黄岛）改造项目运营期间的节能效果提供风险保险，预计该项目年均减碳量达到542.62吨。

"绿色保险＋绿色信贷"模式，也就是"绿色建筑性能责任保险＋绿色信贷"模式项目。银行机构根据绿色建筑等级对绿色建筑贷款给予利率优惠，并优先配置信贷资源；保险机构通过"保险＋服务"，组织风险管理机构做好全流程风控服务；针对绿色建筑工程项目评价结果出现的偏差情况，保险公司通过绿色化改造和货币化补偿方式给予解决。

"绿色保险＋绿色信贷"模式有助于保险公司发挥保险保障及增信功能，解决绿色信贷投放与绿色建筑评定之间的时间错配问题，可有效降低开发商综合融资成本，有利于普及推广绿色建筑，推动城乡建设绿色转型，实现绿色金融和绿色建筑协同发展。

7.3.5 绿色债券与绿色基金

1. 绿色债券

（1）绿色债券的定义

绿色债券与普通债券的运作方式类似，但有一个主要区别：从投资者那里筹集的资金专门用于资助对环境有积极影响的项目，例如可再生能源和绿色建筑。随着世界各国加大碳减排力度，绿色债券市场蓬勃发展。2021年10月凸显了这种快速增长，当时欧盟发行了约140亿美元的债券——这是有史以来最大的一笔交易。筹集的资金将支持包括比利时能源转型研究平台和立陶宛风力发电厂在内的项目。

（2）绿色债券市场

第一批绿色债券于2007年发行。绿色债券市场在近十年内缓慢增长，但随后开始腾飞。关于气候变化的《巴黎协定》和联合国可持续发展目标等全球绿色倡议助推了这种扩张。对绿色债券的强劲需求也在推动增长，从资产管理公司到保险公司和养老基金的主要投资者都热衷于收购它们。发行绿色债券的成本低于传统债券是由于对其需求的增加。在这种政治决心和投资者兴趣的共同推动下，绿色债券市场正在迅速扩张。根据气候债券倡议组织的数据，到2023年，年发行量可能达到1万亿美元。这是一个重要的里程碑，尽管它在整个全球债券市场中仍然只是一个小众市场，据估计全球债券市场规模约为130万亿美元。因此，绿色债券有足够的空间继续增长。

（3）绿色债券试点情况

欧盟的贷款机构欧洲投资银行于2007年发行了第一只绿色债券。一年后，世界银行紧随其后。从那时起，许多政府和企业进入市场为绿色项目提供资金。美国是最大的绿色债券来源，由政府支持的抵押贷款巨头房利美领衔。从Apple到Pepsi和Verizon等公司都参与其中。州和地方政府也转向绿色债券来支付基础设施项目。展望未来，欧盟将成为绿色债券市场的最大力量，计划在未来五年内发行总额约3000亿美元的债券，以资助可持续投资。法国、德国和荷兰等个别欧盟国家已发行了自己的绿色债券。瑞典房地产公司Vasakronan于2013年发行了世界上第一只绿色公司债券。

2. 绿色基金

绿色基金在绿色产业链条中发挥着重要作用，不仅追求利益的增长，同时也谋取人与自然和谐共生社会效益的增长。绿色基金包含绿色产业基金、担保基金、碳基金、气候基金等投向绿色产业或绿色项目同时获取经济利益和社会效益的基金，主要目的是开展公益性环保工作而成立的基金。

我国于2016年启动绿色债券市场，由兴业银行和浦发银行共同发行了第一批绿色金融债券。虽然起步较晚，但我国绿色债券市场发展很快，2016年从零发展到世界领先规模。到 2020 年年底，我国共发行绿色债券 1.4 万亿元，居世界第二位，我国绿色债券年度发行单数与总量见图 7-10。

图 7-10 我国绿色债券年度发行单数与总量（亿元）

2020 年，我国共有 153 家发行机构发行绿色债券 218 只，发行总额 2221.16 亿元，占全球绿色债券市场的 15% 左右。2021 年前 8 个月，我国绿色债券发行量超过 3500 亿元，同比增长 152%，已经超过去年的发行总量，其中碳中和债券发行量超过 1800 亿元。

在债券监管方面，2015 年，中国人民银行和中国金融学会绿色金融专业委员会联合发布了《关于在银行间债券市场发行绿色金融债券有关事宜的公告》和《绿色债券支持项目目录（2015 版）》，这是我国绿色债券市场的第一个规范性文件，为整个绿色债券市场监管体系的建设奠定了基础。随后几年，中国证监会、国家发展改革委和中国银行间市场交易商协会发布了关于绿色公司债券和绿色债务融资工具的政策文件。对于绿色企业债券，国家发展改革委的《绿色债券发行指引》列出了合格的绿色项目。为了促进相关企业的融资，一些绿色金融改革和创新试验区也探索制定了绿色金融学科的认定和评价标准。自 2021 年以来，中国一直在发行碳中和债券。2021 年 3 月 18 日，中国银行间市场交易商协会发布了《关于明确碳中和债相关机制的通知》，明确了资金的使用和管理、项目评估和选择以及信息披露。

2021 年 4 月 22 日，中国人民银行、国家发展改革委和中国证监会联合发布了《绿色债券支持项目目录（2021 年版）》。2021 年绿色债券目录将不再支持使用煤炭等化石燃料等高碳排放项目，并采用国际公认的"无重大损害"原则，使碳减排更加严格。首次统一绿色债券标准，降低发行、交易和管理成本，提高绿色债券市场定价效率。四级目录与《绿色产业指导目录（2019 年版）》三级目录基本相同，有助于国家重点绿色低碳转型项目获得金融服务"清单"。实现二、三级目录与国际主流绿色资产分类标准基本一致，有助于海外主体更好地识别、查询和投资绿色资产。

第8章 绿色低碳发展相关政策

围绕住建领域绿色低碳转型目标，实现我国2030年碳达峰、2060年碳中和的承诺，中共中央办公厅、国务院办公厅，国家发展和改革委员会、住房和城乡建设部、工业和信息化部等部门，持续发布有关住建领域绿色低碳发展的相关政策，推进绿色低碳城乡建设，加快绿色低碳技术和建筑高效节能技术的应用和推广，驱动住建领域"双碳"目标的实现。

为体现中央经济工作会议精神的落实过程及国家对住建领域在实现"双碳"目标中的政策引导，本章对近几年内国务院及各部委发布的与住建领域绿色低碳相关政策进行梳理和介绍，使读者了解国家对住建领域"双碳"工作的开展历程和未来建筑行业的发展趋势，具体住建领域绿色低碳发展相关政策列示见表8-1。

住建领域绿色低碳发展相关政策   表8-1

中共中央办公厅、国务院办公厅相关政策文件				
序号	政策文件名称	发文日期	发文机关	备注
1	国务院办公厅关于促进建筑业持续健康发展的意见	2017年2月24日	国务院办公厅	国办发〔2017〕19号
2	关于推动城乡建设绿色发展的意见	2021年10月21日	中共中央办公厅、国务院办公厅	
3	2030年前碳达峰行动方案	2021年10月24日	国务院办公厅	国发〔2021〕23号
国家各部委相关政策文件				
序号	政策文件名称	发文日期	发文机关	备注
1	住房和城乡建设部等部门关于推动智能建造与建筑工业化协同发展的指导意见	2020年7月3日	住房和城乡建设部等13部门	建市〔2020〕60号
2	住房和城乡建设部等部门关于加快新型建筑工业化发展的若干意见	2020年8月28日	住房和城乡建设部等9部门	建标规〔2020〕8号
3	绿色建造技术导则（试行）	2021年3月16日	住房和城乡建设部	建办质〔2021〕9号
4	"十四五"全国清洁生产推行方案	2021年10月29日	国家发展改革委等10部门	发改环资〔2021〕1524号
5	"十四五"工业绿色发展规划	2021年11月15日	工业和信息化部	工信部规〔2021〕178号
6	"十四五"机器人产业发展规划	2021年12月21日	工信部等15部门	工信部联规〔2021〕206号

续表

国家各部委相关政策文件				
序号	政策文件名称	发文日期	发文机关	备注
7	"十四五"建筑业发展规划	2022年1月19日	住房和城乡建设部	建市〔2022〕11号
8	"十四五"住房和城乡建设科技发展规划	2022年3月1日	住房和城乡建设部	建标〔2022〕23号
9	"十四五"建筑节能与绿色建筑发展规划	2022年3月1日	住房和城乡建设部	建标〔2022〕24号
10	财政支持做好碳达峰碳中和工作的意见	2022年5月25日	财政部	财资环〔2022〕53号
11	城乡建设领域碳达峰实施方案	2022年6月30日	住房和城乡建设部	建标〔2022〕53号
12	科技支撑碳达峰碳中和实施方案（2022—2030年）	2022年6月24日	科技部等9部门	国科发社〔2022〕157号
13	建立健全碳达峰碳中和标准计量体系实施方案	2022年10月18日	市场监管总局等9部门	国市监计量发〔2022〕92号
14	建材行业碳达峰实施方案	2022年11月2日	工业和信息化部等4部门	工信部联原〔2022〕149号

教育部相关双碳人才培养政策文件				
序号	政策文件名称	发文日期	发文机关	备注
1	高等学校碳中和科技创新行动计划	2021年7月15日	教育部	教科信函〔2021〕30号
2	加强碳达峰碳中和高等教育人才培养体系建设工作方案	2022年4月24日	教育部	教高函〔2022〕3号
3	绿色低碳发展国民教育体系建设实施方案	2022年10月26日	教育部	教发〔2022〕2号

注：各省、自治区、直辖市地区发布的碳达峰实施方案文件详见表8-2。

8.1 中共中央办公厅、国务院办公厅相关政策文件

8.1.1 国务院办公厅关于促进建筑业持续健康发展的意见

《国务院办公厅关于促进建筑业持续健康发展的意见》

（发布时间：2017年2月24日　发布单位：国务院办公厅　发文字号：国办发〔2017〕19号）

【解读】《意见》指出建筑业是国民经济的支柱产业，主要从"放管服"即简政放权、放管结合、优化服务三个方面对建筑业发展与改革提出了支持措施。《意见》的影响在于针对我国建筑业，提出了深化建筑业简政放权改革、完善工程建设组织模式、加强工程质量安全管理、优化建筑市场环境、提高从业人员素质、推进建筑产业现代化、加快建筑业企业"走出去"七个方面的改革措施，从中不难看出我国政府对于我国建筑业企业发展前景的规划。

《意见》除了对政府就建筑业发展的支持与服务提出要求外，更多着眼于促进建筑业

企业提高自身的规范化、专业化水平，对促使各类企业采取联合经营、并购重组的方式满足下一步建筑业市场的要求提出了明确的指引。

8.1.2 关于推动城乡建设绿色发展的意见

《关于推动城乡建设绿色发展的意见》

（发布时间：2021年10月21日　发布单位：中共中央办公厅、国务院办公厅）

【解读】《意见》是推动城乡建设绿色发展的纲领性文件，对推动城乡建设绿色转型发展，形成绿色发展方式和生活方式，给出了指导意见。指出城乡建设是落实新发展理念的重要载体，是建设美丽中国的重要战场，是实现碳达峰碳中和目标的重要领域。《意见》将"打造绿色生态宜居的美丽乡村"作为重要内容，抓住了乡村是绿色发展的生态基底、是消除和平衡城市碳足迹、碳排放的生态屏障的关键；对提升城乡历史文化保护工作效能、更好地实现城乡文脉传承作出了系统部署；强调城乡建设绿色发展需要提升整体性，促进城乡之间、城市与城市之间、城市与区域之间的协调；提出要推动美好环境共建共治共享，是推动生态文明建设、城乡建设绿色发展方式的重要工作方法；要求"实现工程建设全过程绿色建造"，即建造活动绿色化、建造方式工业化、建造手段信息化、建造管理集约化、建造过程产业化，要切实把绿色发展理念融入生产方式的全要素、全过程和各环节，实现更高层次、更高水平的生态效益。

8.1.3　2030年前碳达峰行动方案

《2030年前碳达峰行动方案》

（发布时间：2021年10月24日　发布单位：国务院办公厅　国发〔2021〕23号）

【解读】《方案》聚焦"十四五"和"十五五"两个碳达峰关键期，提出了提高非化石能源消费比重、提升能源利用效率、降低二氧化碳排放水平等方面主要目标。《方案》提出了"十四五"和"十五五"减排目标，将碳达峰贯穿于经济社会发展全过程和各方面，明确"碳达峰十大行动"：能源绿色低碳转型行动、节能降碳增效行动、工业领域碳达峰行动、城乡建设碳达峰行动、交通运输绿色低碳行动、循环经济助力降碳行动、绿色低碳科技创新行动、碳汇能力巩固提升行动、绿色低碳全民行动、各地区梯次有序碳达峰行动。科学合理确定有序达峰目标，因地制宜推进绿色低碳发展，上下联动制定地方达峰方案，组织开展碳达峰试点建设。《方案》是碳达峰阶段的总体部署，在目标、原则、方向等方面与《中共中央国务院关于完整准确全面贯彻新发展理念做好碳达峰碳中和工作的意见》保持有机衔接的同时，更加聚焦2030年前碳达峰目标，相关指标和任务更加细化、实化、具体化。

8.2　国家各部委相关政策文件

自我国提出"双碳"目标以来，国家各部委如生态环境部、国家能源局、工业和信息化部、国家发展改革委、住房和城乡建设部、科技部、财政部、国家市场监督管理总局、交通运输部、农业农村部、教育部等就推动碳达峰、碳中和工作密集发声,不断落实和促进"双碳"目标的实现。

8.2.1 住房和城乡建设部等部门关于推动智能建造与建筑工业化协同发展的指导意见

《住房和城乡建设部等部门关于推动智能建造与建筑工业化协同发展的指导意见》

(发布时间:2020年7月3日 发文单位:住房和城乡建设部 国家发展改革委 科技部 工业和信息化部 人力资源社会保障部 生态环境部 交通运输部 水利部 税务总局 市场监管总局 银保监会 铁路局 民航局 发文字号:建市〔2020〕60号)

【解读】《指导意见》的颁布,为我国经济持续健康发展提供了有力支撑。指出当前建筑业生产方式仍然比较粗放,与高质量发展要求相比还有很大差距。政策的制定有利于推进建筑工业化、数字化、智能化升级,加快建造方式转变,推动建筑业高质量发展。《指导意见》指出要以大力发展建筑工业化为载体,以数字化、智能化升级为动力,创新突破相关核心技术,加大智能建造在工程建设各环节的应用,形成涵盖科研、设计、生产加工、施工装配、运营等全产业链融合一体的智能建造产业体系。《指导意见》对整个建筑行业提出了系统化发展的总体思路和要求。对到2025年我国智能建造与建筑工业化协同发展的政策体系和产业体系基本建立,建筑产业互联网平台初步建立以及到2035年的企业创新能力大幅提升,产业整体优势明显增强,"中国建造"核心竞争力世界领先,建筑工业化全面实现,迈入智能建造世界强国行列等指明了方向。

8.2.2 住房和城乡建设部等部门关于加快新型建筑工业化发展的若干意见

《住房和城乡建设部等部门关于加快新型建筑工业化发展的若干意见》

(发布时间:2020年8月28日 发文单位:住房和城乡建设部 教育部 科技部 工业和信息化部 自然资源部 生态环境部 人民银行 市场监管总局 银保监会 发文字号:建标规〔2020〕8号)

【解读】《若干意见》是推动绿色建筑高质量发展、低碳循环发展的主要举措。既是稳增长、促改革、调结构的重要手段,又是打造经济发展"双引擎"的内在要求。在全面推进生态文明建设和加快推进新型城镇化进程中,意义重大而深远。按照《若干意见》要求,发展新型建筑工业化是一项复杂的系统工程,要重点开展加强系统化集成设计和标准化设计,推动全产业链协同;优化构件和部品部件生产,推广应用绿色建材;大力发展钢结构建筑,推广装配式混凝土建筑,推进建筑全装修,推广精益化施工建造;加快信息技术融合发展,大力推广BIM技术、大数据技术和物联网技术,发展智能建造等工作。《若干意见》的出台为我国持续推进新型建筑工业化工作指明了方向,有利于促进建筑业高质量健康发展。

8.2.3 绿色建造技术导则（试行）

《关于印发绿色建造技术导则（试行）的通知》

（发布时间：2021年3月16日　发文单位：住房和城乡建设部　发文字号：建办质〔2021〕9号）

【解读】《导则》明确了绿色建造的总体要求、主要目标和技术措施，为当前和今后一个时期指导绿色建造工作、推进建筑业转型升级和城乡建设绿色发展的重要文件。《导则》提出绿色建造全过程关键技术要点，引导绿色建造技术方向。《导则》一是为开展绿色建造试点工作提供指导；二是为全国推行绿色建造提供依据，有利于解决建造活动资源消耗大、污染排放高、品质与效率低等问题，为我国进一步形成完善的绿色建造实施体系提供有力支撑；三是为落实国家碳达峰碳中和战略提供支撑。通过《导则》的引导，把绿色发展理念融入工程建造的全要素、全过程，全面提升建筑业绿色低碳发展水平，推动建筑业全面落实国家碳达峰碳中和重大决策，为建设美丽中国、共建美丽世界作出积极贡献。

8.2.4 "十四五"全国清洁生产推行方案

《"十四五"全国清洁生产推行方案》

（发布时间：2021年10月29日　发文单位：国家发展改革委　生态环境部　工业和信息化部　科技部　财政部　住房和城乡建设部　交通运输部　农业农村部　商务部　市场监管总局　发文字号：发改环资〔2021〕1524号）

【解读】《方案》提出2025年清洁生产目标，明确了加快工业、农业、建筑业、服务业、交通运输领域清洁生产推进重点等。《方案》以节约资源、降低能耗、减污降碳、提质增效为目标，立足于我国清洁生产良好基础，既有继承发展，又有创新突破，对推动我国经济社会全面向绿色低碳、高质量发展转型，促进实现碳达峰、碳中和目标，推动生态环境质量改善由量变到质变具有重大意义。《方案》为加快推行清洁生产了总体要求，部署了工业、农业和其他领域推动清洁生产的重点任务和重大工程，明确了清洁生产科技创新、产业培育、模式创新、组织保障等重大措施，是"十四五"我国推行清洁生产、部署相关工作、制定相关政策的重要依据和行动指引，对于实现绿色低碳循环发展，助力实现碳达峰、碳中和目标意义重大。

8.2.5 "十四五"工业绿色发展规划

《"十四五"工业绿色发展规划》

（发布时间：2021年11月15日　发文单位：工业和信息化部　发文字号：工信部规〔2021〕178号）

【解读】《规划》提出"十四五"期间，以碳达峰碳中和目标为引领，统筹发展与绿色低碳转型，深入实施绿色制造，大力推进工业节能降碳，全面提高资源利用效率，积极推行清洁生产改造,提升绿色低碳技术、产品和服务供给能力。《规划》按照"目标导向、效率优先、创新驱动、市场主导、系统推进"的基本原则提出了相关工作安排。从规划组织实施、法律法规完善、财税金融支持、绿色国际合作等方面提出相关保障措施,为我国的工业绿色发展起到了很好的引领的作用。

8.2.6 "十四五"机器人产业发展规划

《"十四五"机器人产业发展规划》

(发布时间:2021年12月21日 发文单位:工业和信息化部 国家发展和改革委员会 科学技术公安部 民政部 住房和城乡建设部 农业农村部 国家卫生健康委员会 应急管理部 中国人民银行国家市场监督管理总局 中国银行保险监督管理委员会 中国证券监督管理委员会 发文字号:工信部联规〔2021〕206号)

【解读】为推动"十四五"发展目标落实落地,《规划》部署了提高产业创新能力、夯实产业发展基础、增加高端产品供给、拓展应用深度广度、优化产业组织结构等五项主要任务,就建筑领域而言,也应顺应行业发展的需求,集聚优势资源,重点推进工业机器人、服务机器人、特种机器人重点产品的研制及应用,拓展机器人产品系列,提升性能、质量和安全性,推动产品高端化智能化发展在建筑业的应用。

8.2.7 "十四五"建筑业发展规划

《"十四五"建筑业发展规划》

(发布时间:2022年1月19日 发文单位:住房和城乡建设部 文字号:建市〔2022〕11号)

【解读】本文件提出的发展目标是初步形成建筑业高质量发展体系框架,建筑市场运行机制更加完善,营商环境和产业结构不断优化,建筑市场秩序明显改善,工程质量安全保障体系基本健全,建筑工业化、数字化、智能化水平大幅提升,建造方式绿色转型成效显著,加速建筑业由大向强转变,为形成强大国内市场、构建新发展格局提供有力支撑,并明确了2035年远景目标。"十四五"建筑业发展规划勾画出行业发展的蓝图。建筑业需要以终局思维谋划行业发展未来,统一思想,果敢行动,坚持不懈,持续推进建筑行业高质量发展。

8.2.8 "十四五"住房和城乡建设科技发展规划

《关于印发"十四五"住房和城乡建设科技发展规划的通知》

(发布时间:2022年3月1日 发文单位:住房和城乡建设部 发文字号:建标〔2022〕23号)

【解读】《规划》的发展目标主要在于绿色低碳技术等关键技术的突破,数字化、智能化技术在城市建设的大力发展,以及建筑业工业化水平的提高。《规划》以支撑城市更新行动、乡村建设行动为主线，持续提升科技创新能力，强化科技创新战略支撑作用，推动住房和城乡建设事业高质量发展。

8.2.9 "十四五"建筑节能与绿色建筑发展规划

《关于印发"十四五"建筑节能与绿色建筑发展规划的通知》

（发布时间：2022年3月1日　发文单位：住房和城乡建设部　发文字号：建标〔2022〕24号）

【解读】《规划》提出了提升绿色建筑发展质量、提高新建建筑节能水平、加强既有建筑节能绿色改造、推动可再生能源应用、实施建筑电气化工程、推广新型绿色建造方式、促进绿色建材推广应用、推进区域建筑能源协同、推动绿色城市建设等九大重点任务，为城乡建设领域2030年前碳达峰奠定坚实基础。

8.2.10 财政支持做好碳达峰碳中和工作的意见

《关于印发〈财政支持做好碳达峰碳中和工作的意见〉的通知》

（发布时间：2022年5月25日　发文单位：财政部　发文字号：财资环〔2022〕53号）

【解读】《意见》作为构建碳达峰碳中和"1+N"政策体系其中一项，是财政部门贯彻落实党中央、国务院相关重大决策部署的顶层设计文件，是碳达峰碳中和的重要保障方案。《意见》的出台，有利于明确财政支持碳达峰碳中和的工作目标，指导各级财政干部提高政治站位，统一思想认识，凝心聚力推进工作；有利于指导各级财政部门明确支持碳达峰碳中和工作的重点方向和领域，找准着力点，加快建立健全促进资源高效利用和绿色低碳发展的财税政策体系；有利于发挥财政资金、税收、政府采购等多项政策协同作用，形成财政部门上下联动、财政与其他部门横向互动的工作协同推进机制，有力推进实现碳达峰碳中和目标。

8.2.11 城乡建设领域碳达峰实施方案

《关于印发城乡建设领域碳达峰实施方案的通知》

（发布时间：2022年6月30日　发文单位：住房和城乡建设部 国家发展改革委　发文字号：建标〔2022〕53号）

【解读】《实施方案》从创建绿色低碳城市、县城和乡村着手，推进绿色社区创建行动，将绿色发展理念贯穿社区规划建设管理全过程；全面提高绿色低碳建筑水平，到2025年，城镇新建建筑全面执行绿色建筑标准，实现公共建筑机电系统的总体能效在现有水平上提升10%；优化城市建设用能结构，推进建筑太阳能光伏一体化建设，推动开展新建公共建筑全面电气化；推进绿色低碳建造，大力发展装配式建筑，推广钢结构住宅，推进建筑垃圾集中处理、分级利用；推进绿色低碳农房建设，提升农房绿色低碳设计建造水平，大力推进北方地区农村清洁取暖等。政策制定有利于到2060年，实现城乡建设方式全面绿色低碳化转型、系统性变革，美好人居环境全面建成，城乡碳排放治理体系现代化全面实现，人民生活更加幸福。

8.2.12 科技支撑碳达峰碳中和实施方案（2022—2030年）

《科技部等九部门关于印发〈科技支撑碳达峰碳中和实施方案（2022—2030年）〉的通知》

（发布时间：2022年06月24日　发文单位：科技部 国家发展改革委 工业和信息化部 生态环境部 住房城乡建设部 交通运输部 中科院 工程院 国家能源局　发文字号：国科发社〔2022〕157号）

【解读】《实施方案》按照经济社会可持续发展的要求，基于我国2030年和2060年经济社会发展和碳排放的情景预测，研究提出支撑2030年前实现碳达峰目标的科技创新行动和保障举措，并构建低碳技术创新体系，为2060年前实现碳中和目标做好技术研发储备；《实施方案》更加侧重于科技创新，着力于加强高效率、低成本的低碳技术供给，同时也适当考虑了低碳技术标准等政策创新方面的内容，以促进低碳技术产业化；按照碳达峰碳中和"1+N"政策体系的总体安排，与相关部门编制的实施方案做好协调和对接。

8.2.13 建立健全碳达峰碳中和标准计量体系实施方案

《建立健全碳达峰碳中和标准计量体系实施方案》

（发布时间：2022年10月18日　发文单位：市场监管总局 国家发展改革委 工业和信息化部 自然资源部 生态环境部 住房城乡建设部 交通运输部 中国气象局 国家林草局　发文字号：国市监计量发〔2022〕92号）

【解读】《实施方案》作为国家碳达峰碳中和"1+N"政策体系的保障方案之一，明确我国碳达峰碳中和标准计量体系工作总体部署，为相关行业、领域、地方和企业开展碳达峰碳中和标准计量体系建设工作起到指导作用。提出了2025年、2030年、2060年碳达峰碳中和标准计量体系工作目标。《实施方案》坚持系统观念，突出计量、标准的基础引领与源头把控作用，统筹推进碳达峰碳中和标准计量体系建设，支撑如期实现碳达峰碳中和目标。

8.2.14 建材行业碳达峰实施方案

《四部门关于印发建材行业碳达峰实施方案的通知》

（发布时间：2022年11月2日　发文单位：工业和信息化部 国家发展和改革委员会 生态环境部 住房和城乡建设部　发文字号：工信部联原〔2022〕149号）

【解读】《实施方案》作为国家碳达峰"1+N"政策体系的重要组成，指导行业科学有序开展碳达峰工作。《实施方案》提出要强化建材企业全生命周期绿色管理，构建高效清洁生产体系；构建绿色建材产品体系，推进标准体系建设、产品认证等相关工作；培育绿色建材骨干企业、产业集群，开展绿色建材下乡等活动，促进绿色建材与绿色建筑协同发展，加快绿色建材生产和应用。重点从管理、政策、标准、宣传等四个方面推动相关工作，充分调动建材全行业积极性，整合各方资源，形成绿色低碳发展合力，共同促进建材行业碳达峰。

8.3 教育部相关双碳人才培养政策文件

8.3.1 高等学校碳中和科技创新行动计划

《高等学校碳中和科技创新行动计划》

（发布时间：2021年7月15日 发文单位：教育部 发文字号：教科信函〔2021〕30号）

【解读】《行动计划》是为深入贯彻党中央、国务院关于碳达峰碳中和的重大战略部署，发挥高校基础研究主力军和重大科技创新策源地作用，为实现碳达峰碳中和目标提供科技支撑和人才保障而制定的，目标为充分发挥高校基础研究深厚和学科交叉融合的优势，加快构建高校碳中和科技创新体系和人才培养体系，为我国实现能源碳中和、资源碳中和、信息碳中和提供充分科技支撑和人才保障。

8.3.2 加强碳达峰碳中和高等教育人才培养体系建设工作方案

《加强碳达峰碳中和高等教育人才培养体系建设工作方案》

（发布时间：2022年4月24日 发文单位：教育部 发文字号：教高函〔2022〕3号）

【解读】《工作方案》是面向碳达峰碳中和目标，加强新时代各类人才培养提出的新要求，为推进高等教育高质量体系建设而制定的此方案。为提高碳达峰碳中和相关专业人才培养质量，深入贯彻新时代人才强国战略部署，方案中提出在加强绿色低碳教育，推动专业转型升级，加快急需紧缺人才培养，深化产教融合协同育人，提升人才培养和科技攻关能力，加强师资队伍建设，推进国际交流与合作等方面的工作任务，为实现碳达峰碳中和目标提供坚强的人才保障和智力支持。

8.3.3 绿色低碳发展国民教育体系建设实施方案

《绿色低碳发展国民教育体系建设实施方案》

（发布时间：2022年10月26日 发文单位：教育部 发文字号：教发〔2022〕2号）

【解读】《实施方案》提出了2025年、2030年绿色低碳教育体系工作目标，明确了将绿色低碳发展融入教育教学、以绿色低碳发展引领提升教育服务贡献力、将绿色低碳发展融入校园建设等重点工作内容。聚焦绿色低碳发展融入国民教育体系各个层次的切入点和关键环节，采取有针对性的举措，构建特色鲜明、上下衔接、内容丰富的绿色低碳发展国民教育体系，引导青少年树立牢固绿色低碳发展理念，为实现碳达峰碳中和目标奠定坚实思想和行动基础。

8.4 各省、自治区、直辖市发布的碳达峰实施方案文件

为贯彻落实国务院《2030年前碳达峰行动方案》，全国各省、自治区、直辖市等陆续开始研究制定本地区碳达峰行动方案。截至2023年8月，在所统计的29个省、自治区、直辖市中，全国已有25个省、自治区、直辖市发布了省级碳达峰实施方案，13个省、自治区、直辖市发布了省级城乡建设领域碳达峰实施方案，完整准确全面贯彻新发展理念，不断推进碳达峰工作的开展。

各省、自治区、直辖市发布的碳达峰实施方案文件　　表8-2

序号	地区	文件名称	印发时间	发文机关
1	北京市	北京市碳达峰实施方案	2022年10月	北京市人民政府
2	天津市	天津市碳达峰实施方案	2022年9月	天津市人民政府
3	河北省	河北省碳达峰实施方案	2022年6月	河北省人民政府
		河北省城乡建设领域碳达峰实施方案	2023年2月	河北省住房和城乡建设厅、河北省发展和改革委员会
4	山西省	山西省碳达峰实施方案	2023年1月	山西省人民政府
		山西省城乡建设领域碳达峰实施方案	2023年2月	山西省住房和城乡建设厅、山西省发展和改革委员会
5	内蒙古自治区	内蒙古自治区碳达峰实施方案	2022年11月	内蒙古自治区党委和内蒙古自治区人民政府
6	辽宁省	辽宁省碳达峰实施方案	2022年9月	辽宁省人民政府
7	吉林省	吉林省碳达峰实施方案	2022年7月	吉林省人民政府
8	黑龙江省	黑龙江省碳达峰实施方案	2022年9月	黑龙江省人民政府
		黑龙江省城乡建设领域碳达峰实施方案	2022年10月	黑龙江省住房和城乡建设厅、黑龙江省发展和改革委员会
9	上海市	上海市碳达峰实施方案	2022年7月	上海市人民政府
		上海市城乡建设领域碳达峰实施方案	2022年11月	上海市住房城乡建设管理委、上海市发展和改革委员会
10	江苏省	江苏省碳达峰实施方案	2022年10月	江苏省人民政府
		江苏省城乡建设领域碳达峰实施方案	2023年1月	江苏省住房和城乡建设厅、江苏省发展和改革委员会
11	浙江省	浙江省委省政府关于完整准确全面贯彻新发展理念做好碳达峰碳中和工作的实施意见	2022年2月	浙江省住房和城乡建设厅
12	安徽省	安徽省碳达峰实施方案	2022年9月	安徽省人民政府
		安徽省城乡建设领域碳达峰实施方案	2022年10月	安徽省住房和城乡建设厅、安徽省发展和改革委员会
13	福建省	福建省城乡建设领域碳达峰实施方案	2023年3月	福建省住房和城乡建设厅

续表

序号	地区	文件名称	印发时间	发文机关
14	江西省	江西省碳达峰实施方案	2022年7月	江西省人民政府
		江西省城乡建设领域碳达峰实施方案	2022年10月	江西省住房和城乡建设厅、江西省发展和改革委员会
15	山东省	山东省碳达峰实施方案	2022年12月	山东省人民政府
		山东省城乡建设领域碳达峰实施方案	2023年5月	山东省住房和城乡建设厅、山东省发展和改革委员会等5部门
16	河南省	河南省碳达峰实施方案	2023年2月	中共河南省委、河南省人民政府
		河南省城乡建设碳达峰行动方案	2023年2月	河南省住房和城乡建设厅、河南省发展和改革委员会等8部门
17	湖南省	湖南省碳达峰实施方案	2022年10月	湖南省人民政府
18	广东省	广东省碳达峰实施方案	2022年6月	广东省人民政府
19	广西壮族自治区	广西壮族自治区碳达峰实施方案	2023年1月	广西壮族自治区人民政府
20	海南省	海南省碳达峰实施方案	2022年8月	海南省人民政府
21	重庆市	重庆市城乡建设领域碳达峰实施方案	2023年1月	重庆市住房和城乡建设委员会、重庆市发展和改革委员会
22	四川省	四川省碳达峰实施方案	2022年12月	四川省人民政府
23	贵州省	贵州省碳达峰实施方案	2022年11月	中共贵州省委、贵州省人民政府
		贵州省城乡建设领域实施方案	2023年1月	贵州省住房城乡建设厅、贵州省发展和改革委员会
24	云南省	云南省碳达峰实施方案	2022年8月	云南省人民政府
		云南省城乡建设领域碳达峰实施方案	2023年8月	云南省住房和城乡建设厅、云南省发展和改革委员会
25	陕西省	陕西省碳达峰实施方案	2022年7月	陕西省人民政府
26	甘肃省	甘肃省碳达峰实施方案	2022年6月	甘肃省人民政府
27	青海省	青海省碳达峰实施方案	2022年12月	青海省人民政府
28	宁夏回族自治区	宁夏回族自治区碳达峰实施方案	2022年9月	宁夏回族自治区委员会、宁夏回族自治区人民政府
		宁夏回族自治区城乡建设领域碳达峰实施方案	2022年12月	宁夏回族自治区住房和城乡建设厅、宁夏回族自治区发展和改革委员会
29	新疆维吾尔自治区	新疆维吾尔自治区城乡建设领域碳达峰实施方案	2023年1月	新疆维吾尔自治区住房和城乡建设厅、新疆维吾尔自治区发展和改革委员会

如表 8-2 所示，全国范围内各领域积极推动碳达峰、碳中和工作的落实。一方面彰显了作为国际上负责任大国积极主动改善全球气候的姿态，另一方面也按下了国家减碳的加速键。对中国而言，未来几十年将有一场极富挑战性的硬战。若要实现"双碳"目标，必然要转变现有经济技术发展模式，对社会开展全方位的深度脱碳，全面脱碳转型，推动产业技术升级、增强全球产业链议价能力，提升国际气候话语权等工作。

鉴于未来在实现"双碳"目标过程中将出现的对社会体系的系统性变革，更应加强对"双碳"目标的全局性再思考，依靠未来我国"双碳"目标推进过程中经验的逐步累积和总结，扎实向前发展，全方位迎接碳达峰时代的到来。同样建筑领域面对碳达峰、碳中和的新要求，加快住建领域绿色低碳的革命性转变，对建筑材料、部品、施工工艺、人才和产业发展等方面的更高要求，积极响应国家"双碳"政策，不断实现中国建筑业可持续发展的"双碳"目标。

参考文献

[1] 杜涵蓓，赵立君，刘臣炜，等．基于 LEAP 模型和 KAYA 模型的主城区碳达峰预测及不确定性分析 [J]．生态与农村环境学报，2022，38（8）：983-991．

[2] 武涌．"双碳"背景下建筑发展战略及实施路径 [J]．建筑，2022（14）：53-54．

[3] 马涛，谭乃榕，洪涛．"十四五"时期中国可持续发展战略的地方分解与响应 [J]．学习与探索，2022（5）：127-134．

[4] 甘玉婷．中国 OFDI 对"一带一路"沿线国家的绿色低碳效应研究 [D]．广西大学，2022．

[5] 陈新明，张睿超，亓靖．"双碳"治理视角下中国绿色低碳政策文本量化研究 [J]．经济体制改革，2022（4）：178-185．

[6] 张婧．中美绿色建筑评价标准与认证模式的演进研究 [D]．西安建筑科技大学，2021．

[7] 陈超，薄艾，刘亚运，等．建筑碳排放量计算方法发展历程 [J]．工程质量，2023，41（5）：60-65．

[8] 张婧．中美绿色建筑评价标准与认证模式的演进研究 [D]．西安建筑科技大学，2021．

[9] 朱慧明．绿色低碳建筑的意义及其发展现状 [J]．中国新技术新产品，2010（8）：154．

[10] 李忠，金田林，刘峥延．协同推进生活水平提升与碳达峰碳中和 [J]．宏观经济管理，2022（8）：16-23．

[11] 曲弈瑾．浅论建筑的可持续发展 [J]．中国勘察设计，2005（11）：27．

[12] 伍炜．低碳城市目标下的城市更新：以深圳市城市更新实践为例 [J]．城市规划学刊，2010（S1）：19-21．

[13] 唐斌，阳建强．绿色低碳城市更新：韩国经验与启示 [J]．中国园林，2022，38（1）：124-128．

[14] 臧鑫宇，王峤，李含嫣．"双碳"目标下的生态城市发展战略与实施路径 [J]．科技导报，2022，40（6）：30-37．

[15] 陈奇梅．低碳社区的建设探析 [J]．安徽建筑，2022，29（8）：64-65．

[16] 古小东，夏斌．绿色社区发展的背景、内涵与意义 [J]．广东农业科学，2013，40（20）：

211-214+230.

[17] 林坚, 叶子君. 绿色城市更新: 新时代城市发展的重要方向[J]. 城市规划, 2019, 43 (11): 9-12.

[18] 陈一欣, 曾辉. 我国低碳社区发展历史、特点与未来工作重点[J/OL]. 生态学杂志: 1-6[2022-10-02].

[19] 孙晶. 花园式低碳建筑设计[J]. 煤炭工程, 2010 (12): 22-23.

[20] 曾宇, 陈曦, 朱旭明. 国内外低碳建筑发展及北京推行低碳建筑的建议[J]. 北京规划建设, 2022, 206 (5): 20-23.

[21] 黄倩, 耿宏兵, 阳建强. 绿色城市更新理念及其内涵初探[C]//. 活力城乡美好人居——2019中国城市规划年会论文集（02城市更新）, 2019: 1767-1775.

[22] 本刊编辑部. 推广绿色建筑, 营造低碳宜居环境——第八届国际绿色建筑与建筑节能大会[J]. 城市发展研究, 2012, 19 (4): 1-16.

[23] 郑振尧. 绿色建筑评价体系的问题与对策研究[J]. 建筑经济, 2021, 42 (2): 14-17.

[24] 李宇航, 路祥玉. 节能建筑相关政策机制和综合节能技术[J]. 商Business, 2016, 30: 106.

[25] 刘存发. 建筑节能设计的关键因素[J]. 天津建设科技, 2013, 02: 13-14.

[26] 阮胜. 夏热冬冷地区绿色生态建筑构造技术浅析[J]. 四川水泥, 2016, 07: 114.

[27] 张辛, 张庆阳. 国外绿色建筑探究及案例（下）[J]. 建筑, 2016, 23: 63.

[28] 代丹丹, 陈伯如. 面向运营需求的绿色建筑设施设备分类体系研究[J]. 中国住宅设施, 2021, 02: 47-51.

[29] 刘建华, 刘小芳, 陈彦熹, 等.《天津市绿色建筑设备评价技术导则》要点解析——给排水常用设备的绿色度评价[J]. 给水排水, 2016, 12: 138-141.

[30] 姚春妮, 侯隆澍, 马欣伯, 等. 碳达峰目标下太阳能光热和浅层地热能建筑应用中长期发展目标预测研究[J]. 建设科技, 2021, 11: 38-40+45.

[31] 刘红. 新能源在建筑节能与建筑设计中的应用研究[J]. 房地产世界, 2022, 13: 55-57.

[32] 王婧璇, 战洪仁. 绿色环保供暖装置系统分析[J]. 山东化工, 2019, 10: 132+135.

[33] 王祎, 王随林, 宋晓新, 等. 我国绿色通风空调系统评价体系框架研究[C]. 全国暖通空调制冷2010年学术年会论文集, 2010: 111-113.

[34] 康智. 实现绿色建筑暖通空调设计的技术[J]. 科技与企业, 2014, 07: 201.

[35] 江亿."光储直柔"——助力实现零碳电力的新型建筑配电系统[J]. 暖通空调, 2021 (10): 12.

[36] 吴羽柔,陈维,罗春艳,等.低碳背景下"光储直柔"关键技术研究现状与应用展望[J].重庆建筑,2023,05:29-31.

[37] 程大章,沈晔.绿色建筑与BA系统[J].现代建筑电气,2016,06:38-43.

[38] 王建国.生态原则与绿色城市设计[J].建筑学报,1997(7):8-12+66-67.

[39] 张梦,李志红,黄宝荣,等.绿色城市发展理念的产生、演变及其内涵特征辨析[J].生态经济,2016,32(5),205-210.

[40] 杨新苗,王亚华,田中兴.中国特色绿色交通城市发展战略与对策研究[J].城市发展研究,2018,25(5):19-24.

[41] 黄斌.基于全寿命周期绿色建筑理论与技术实践的研究[D].天津:天津大学,2014.

[42] 王建国.绿色城市设计原理在规划设计实践中的应用[J].东南大学学报(自然科学版),2000,30(1):10-15.

[43] 钱七虎.利用地下空间助力发展绿色建筑与绿色城市[J].隧道建设(中英文),2019,39(11):1737-1747.

[44] 张武丁,张彦浩.从碳达峰到碳中和,准确理解"双碳"目标的深刻影响和内涵[N].光明日报,2023-01-28(009).